Holger Walther

Integration externer Informationen in ein Data Warehouse zur Unterstützung des Managements

Fachliches Konzept und Möglichkeiten der technischen Realisierung

Holger Walther

Integration externer Informationen in ein Data Warehouse zur Unterstützung des Managements

Fachliches Konzept und Möglichkeiten der technischen Realisierung

diplom.de

Bibliografische Information der Deutschen Nationalbibliothek:

Bibliografische Information der Deutschen Nationalbibliothek: Die Deutsche Bibliothek verzeichnet diese Publikation in der Deutschen Nationalbibliografie; detaillierte bibliografische Daten sind im Internet über http://dnb.d-nb.de/ abrufbar.

Copyright © 1997 Diplomica Verlag GmbH
Druck und Bindung: Books on Demand GmbH, Norderstedt Germany
ISBN: 978-3-8386-4016-7

http://www.diplom.de/e-book/219651/integration-externer-informationen-in-ein-data-warehouse-zur-unterstuetzung

Holger Walther

Integration externer Informationen in ein Data Warehouse zur Unterstützung des Managements

Fachliches Konzept und Möglichkeiten der technischen Realisierung

Diplomarbeit
an der Technischen Universität Dresden
Fachbereich Wirtschaftswissenschaften
Institut für Fertigungstechnik, Lehrstuhl für Informationssysteme in Industrie und Handel
August 1997 Abgabe

Diplom.de

Diplomica GmbH
Hermannstal 119k
22119 Hamburg

Fon: 040 / 655 99 20
Fax: 040 / 655 99 222

agentur@diplom.de
www.diplom.de

ID 4016

ID 4016
Walther, Holger: Integration externer Informationen in ein Data Warehouse zur Unterstützung des Managements · Fachliches Konzept und Möglichkeiten der technischen Realisierung
Hamburg: Diplomica GmbH, 2001
Zugl.: Dresden, Technische Universität, Diplomarbeit, 1997

Diplomica GmbH
http://www.diplom.de, Hamburg 2001
Printed in Germany

Autorenreferat

Zusammenfassung:

Traditionelle Management Support Systeme weisen Defizite im Hinblick auf die Integration externer Informationen auf. Mit dem Data Warehousing wird ein modernes Konzept zur Verbesserung der Funktionalität führungsunterstützender Systeme vorgestellt, das bei entsprechender Konzeption diese Restriktionen beseitigt. Es werden für Führungskräfte potentiell interessante externe Informationsquellen identifiziert und deren Informationsangebot untersucht. Aufbauend auf einer Analyse der betriebswirtschaftlichen Problemstellung wird ein Fachkonzept zur Integration externer Informationen in ein Management Support System entwickelt, das anschließend in ein Data-Warehouse-Konzept umgesetzt wird. Die durch eine Integration externer Informationen in ein Data Warehouse entstehenden Nutzenpotentiale werden diskutiert.

Stichworte:

Data Warehouse, informationslogistisches Konzept, Informationswertschöpfungsprozeß, Integration externer Informationen, Management Support System

E/033/98

Inhaltsverzeichnis

Abkürzungsverzeichnis

Aufl.	Auflage
Bd.	Band
BLOB	Binary Large Object
DB	Datenbank
DV	Datenverarbeitung
EDIFACT	Electronic Data Interchange for Administration, Commerce and Transport
GIFF	Graphic Image File Format
Hrsg.	Herausgeber
HTML	Hypertext Markup Language
IP	Internet Protocol
Jg.	Jahrgang
JPEG	Joint Photographic Experts Group
MPEG	Motion Pictures Expert Group
o. Jg.	ohne Jahrgang
o. S.	ohne Seite
ODBC	Open Database Connectivity
ODA	Office Document Architecture
ODIF	Office Document Interchange Format
SDI	Selected Dissemination of Information
SGML	Standard Generalized Markup Language
SQL	Structured Query Language
TCP	Transmission Control Protocol
TIFF	Tag Image File Format

Abbildungsverzeichnis

Tabellenverzeichnis

Anlagenverzeichnis

1 Einleitung

Im Rahmen der Einleitung soll zunächst die Ausgangssituation geschildert werden, die die Integration externer Informationen in ein Data Warehouse zu einem interessanten Forschungsgebiet im Bereich der Wirtschaftsinformatik werden läßt. Darauf aufbauend werden im Anschluß die Zielstellung und der Aufbau der vorliegenden Arbeit beschrieben.

1.1 Ausgangssituation

Die Unternehmen stehen heute mit der Intensivierung des Wettbewerbs, der Globalisierung der Märkte und der Verkürzung der Produktlebenszyklen vor großen Herausforderungen. In dieser Situation gewinnt die Information als Produktions- und strategischer Wettbewerbsfaktor zunehmend an Bedeutung. Insbesondere die Integration externer Informationen in betriebliche Informationssysteme wird als eine Möglichkeit angesehen, Führungskräfte bei der Entscheidungsvorbereitung im Hinblick auf die notwendige Markt- und Wettbewerbsorientierung eines Unternehmens zu unterstützen.

Während das Angebot an elektronisch verfügbaren entscheidungsrelevanten externen Informationen sehr umfangreich ist, muß deren Nutzung durch das Management noch als unzureichend bezeichnet werden. Die Ursachen liegen dabei sowohl aus betriebswirtschaftlicher als auch aus informationstechnischer Sicht in den Defiziten traditioneller Management Support Systeme, externe Informationen entsprechend ihrer Charakteristik zu verarbeiten.

Mit dem Data Warehousing steht auf der Basis einer weiterentwickelten Infrastruktur nun ein modernes Konzept zur Verbesserung der Funktionalität managementunterstützender Systeme bereit, dessen Realisierung auch den Bedarf von Führungskräften an externen Informationen stärker berücksichtigt.

1.2 Zielstellung der Arbeit

Im Rahmen dieser Arbeit sollen Möglichkeiten zur Integration externer Informationen in ein Data Warehouse untersucht werden.

Die Grundlagen dafür werden mit einer allgemeinen Diskussion des Data-Warehouse-Ansatzes und mit einer Identifikation potentieller externer Informationsquellen aus Unternehmenssicht und deren Informationsangebot geschaffen.

Nach einer Erörterung der betriebswirtschaftlichen Problemstellung sollen als Schwerpunkte der Arbeit ein Fach- und ein DV-Konzept entwickelt werden, die die Integration externer Informationen in ein Data Warehouse aus betriebswirtschaftlicher und informationstechnischer Sicht beschreiben. Die sich aus einer Berücksichtigung externer Informationen bei einer Data-Warehouse-Implementierung ergebenden Nutzenpotentiale werden vorgestellt.

1.3 Aufbau der Arbeit

Diese Arbeit gliedert sich in die Einleitung (Kapitel 1) und weitere 5 Kapitel (Kapitel 2-6).

Im Kapitel 2 werden grundlegende Aspekte des Managementcomputing diskutiert. Ausgehend von den Daten, aus denen sie gewonnen werden, wird die heutige Bedeutung der Information für die Wettbewerbsfähigkeit der Unternehmen dargestellt. Mit den Management Support Systemen wird die informationstechnische Infrastruktur erörtert, die für den Umwandlungsprozeß von Daten in Informationen notwendig ist.

Das Kapitel 3 beschreibt mit dem Data Warehousing ein Konzept, das die Informationsversorgung von Führungskräften entscheidend verbessern helfen soll. Im Rahmen dieses Kapitels werden die Charakteristik des Data Warehouse, seine Architektur, seine Organisationsformen, die Vorgehensweise bei seinem Aufbau und seine Nutzenpotentiale vorgestellt.

Im Kapitel 4 werden mit den Online-Datenbanken, den Online-Diensten und dem Internet für Führungskräfte potentiell interessante externe Informationsquellen beschrieben. Auf die Notwendigkeit zur Kooperation mit anderen Marktteilnehmern mit dem Ziel eines Informationsaustausches wird hingewiesen. Danach wird anhand der Spezifik der Managertätigkeit die Eignung externer Informationsquellen für eine direkte Nutzung durch Führungskräfte beurteilt.

Unmittelbar auf Kapitel 3 und Kapitel 4 aufbauend, werden im Kapitel 5 Möglichkeiten zur Einbindung externer Informationen in managementunterstützende Systeme untersucht. Nach einer Betrachtung der betriebswirtschaftlichen Rahmenbedingungen wird ein informationslogistisches Konzept entwickelt, das den gesamten Informationswertschöpfungsprozeß aus fachlicher Sicht beschreibt. Auf dessen Grundlage werden im Rahmen eines DV-Konzeptes die informationstechnischen Voraussetzungen diskutiert, die geschaffen werden müssen, damit externe Informationen entsprechend ihrer Charakteristik in eine Data-Warehouse-Umgebung integriert werden können. Abschließend werden die Vorteile und eventuelle Schwachstellen des erarbeiteten Integrationskonzeptes analysiert.

Im Kapitel 6 werden die in den Kapiteln 2 bis 5 gewonnenen Erkenntnisse zusammengefaßt und beurteilt. In einem Ausblick werden anhand der Defizite von Data-Warehouse-Implementierungen der ersten Generation die Notwendigkeit von partiellen Erweiterungen und Verbesserungen des Data-Warehouse-Ansatzes in der Zukunft nachgewiesen und dafür geeignete Technologien vorgestellt.

2 Grundlagen des Managementcomputing

Damit unternehmensinterne und -externe Veränderungen rechtzeitig erkannt werden können, müssen die Führungskräfte eines Unternehmens ständig mit entscheidungsrelevanten Informationen versorgt werden. Auf deren Grundlage werden die operativen, taktischen und strategischen Entscheidungen getroffen, die für die Erhaltung der Wettbewerbsfähigkeit des Unternehmens notwendig sind (MUCKSCH u. a. 96a, S. 421; MEITH 96, S. 28).

Im folgenden wird die heutige Bedeutung der Information als Produktions- und Wettbewerbsfaktor untersucht. Informationen entstehen jedoch erst, wenn Daten im Kontext einer Entscheidungssituation herangezogen und interpretiert werden (FRACKMANN 96, S. 113). Deshalb werden weiterhin die organisatorischen Anforderungen erörtert, die erfüllt sein müssen, damit die verfügbaren Daten zur Generierung von Informationen genutzt werden können. Mit den Management Support Systemen wird die informationstechnische Infrastruktur beschrieben, die die Führungskräfte eines Unternehmens durch die Bereitstellung von entscheidungsrelevanten Informationen unterstützt.

2.1 Daten als Basis unternehmerischer Entscheidungen

Im Unternehmen fällt bei der Abwicklung der täglichen Geschäftsprozesse eine Vielzahl von Daten an, die in entsprechenden operativen Systemen erfaßt und gespeichert werden. Diese Daten repräsentieren jedoch nur dann einen strategischen Wert für das Management, wenn sie zur Informationsgewinnung herangezogen werden können. Dazu müssen die zunächst atomistischen Daten in unterschiedlichen Verdichtungsstufen zu Auswertungs- und Analysezwecken weiterverarbeitet werden, wobei sowohl eine horizontale als auch eine vertikale Datenintegration erfolgen sollte (BECKER 94, S. 42; DRIESEN 96, S. 36).

Neben diesen betriebsinternen Daten wird jedes Unternehmen zusätzlich mit einer nahezu unendlichen Anzahl von Daten unternehmensexternen Ursprungs konfrontiert. Die Übernahme externer Daten in Informationssysteme des Unternehmens verlangt genaue Kenntnis von deren Eigenschaften, Zugriffsmechanismen und Kosten-Nutzen-Relationen (BUGGERT u. a. 94, S. 335).

Um Daten als Grundlage von Entscheidungen nutzen zu können, müssen bezüglich ihrer Organisation eine Reihe von Forderungen erfüllt sein (BECKER 94, S. 42):

- Die Datenintegrität und -konsistenz muß gesichert sein.
- Die Daten müssen aktuell und sachlich richtig vorliegen.

- Die Datenspeicherung, der Datenzugriff und die Datenverarbeitung sollten wirtschaftlich realisiert sein.
- Die Daten müssen hinsichtlich ihrer Namensgebung, ihrer Attributierung und ihrer Inhalte verständlich sein.
- Die Daten sollten problemadäquat gehalten werden.

Diese Forderungen sind jedoch nur erfüllbar, wenn die Daten unabhängig von ihrer Funktion auf einem höheren Abstraktionsniveau modelliert werden. Das Ziel ist die Entwicklung eines Unternehmensdatenmodells, das auf folgenden Prinzipien aufgebaut sein sollte (BECKER 94, S. 42f.; RÖSER 96, S. 40):

- das Vermeiden von Datenredundanzen,
- das Sicherstellen der Unabhängigkeit der Daten von bestimmten Anwendungen,
- das Gewährleisten einer hohen Flexibilität der Datenbasis,
- die Darstellung von dynamischen Strukturen und
- die Integration des betrieblichen Fach- und Datenverarbeitungswissens.

Werden die Daten auf diese Art modelliert, erleichtert das deren schnelle Auswertung und Überführung in aussagekräftige Informationen (BECKER 94, S. 43; TIEMEYER 96a, S. 54).

2.2 Produktions- und Wettbewerbsfaktor Information

Die Unternehmen stehen mit der zunehmenden Intensivierung des Wettbewerbs, der Globalisierung der Märkte und gleichzeitiger rasanter Weiterentwicklung der Informationstechnologien vor gewaltigen Herausforderungen. Eine unternehmerische Bewältigung dieser Situation verlangt die Einbeziehung der Information als eigenständigen Produktionsfaktor (MUCKSCH u. a. 96b, S. VII; KORNEMANN u. a. 96, S. 16).

Darüber hinaus hängt der wirtschaftliche Erfolg eines Unternehmens immer häufiger von der Verfügbarkeit aktueller Informationen ab. Steigende Flexibilität der Konkurrenz, verbunden mit einer Verkürzung der Produktlebenszyklen, lassen dem Management immer weniger Zeit, sich den Marktgegebenheiten anzupassen und temporär Wettbewerbsvorteile zu realisieren (TIEMEYER 96b, S. 42). In dem Maße also, in dem eine Verbesserung der Informationsversorgung der Unternehmensführung für das Überleben und die Konkurrenzfähigkeit des Unternehmens notwendige Voraussetzung wird, erlangen Informationen auch als Wettbewerbsfaktor strategische Bedeutung (BUGGERT u. a. 94, S. 330).

Jedem Entscheidungsprozeß sollte deshalb ein informationsliefernder Prozeß vorangehen, der das Management mit allen relevanten Informationen sowohl aus internen als auch aus externen Quellen versorgt, wobei der Informationsqualität vor der Informationsquantität Vorrang einzuräumen ist (RITTERRATH 96, S. 32).

Die effiziente Bereitstellung von Informationen für unternehmerische Entscheidungen verlangt den Aufbau einer dafür geeigneten informationstechnischen Infrastruktur in Form eines Management Support Systems (HEINRICH u. a. 96, S. 21).

2.3 Management Support Systeme

Mit dem Begriff Management Support System werden allgemein Informationssysteme bezeichnet, die Manager bei der Lösung von Problemen mit nichttrivialem Charakter unterstützen sollen. In der Literatur wird für konkrete Ausprägungsformen von Management Support Systemen eine Vielzahl von Bezeichnungen, wie Management Information Systems, Executive Information Systems, Decision Support Systems sowie deren deutsche Übersetzungen, verwandt (WALTERSCHEID u. a. 95, S. 41). Die eben genannten Systeme weisen mit unterschiedlichen Einsatzschwerpunkten und Zielgruppen eine voneinander abgrenzbare Charakteristik auf, die im Hinblick auf das Ziel dieser Arbeit jedoch nicht detailliert beschrieben werden soll.

Das Aufgabenspektrum von Führungskräften ist durch hohe Komplexität und geringe Strukturiertheit gekennzeichnet, wobei der Anteil von Routinetätigkeiten aufgrund der Einmaligkeit vieler Managementaufgaben sehr klein ist (ZANGER u. a. 95, S. 53). Der Arbeitsbereich eines

Managers scheint somit für einen Computereinsatz zunächst ungeeignet zu sein (FRACKMANN 96, S. 29).

Die Nutzung von Management Support Systemen kann jedoch wesentlich zur Steigerung sowohl der Effektivität als auch der Effizienz der Arbeit von Führungskräften beitragen. Effektivitätserhöhende Auswirkungen können durch das Erweitern des Umfangs und das Präzisieren des Inhaltes der zu berücksichtigenden Informationen und durch das Darstellen von Problemlösungsalternativen erreicht werden. Die erwähnte Steigerung der Effizienz wird durch das Auslagern von noch vorhandenen repetitiven Managertätigkeiten auf Computersysteme und durch Rationalisierungseffekte, die beim Einsparen von Unterstützungskräften entstehen, ermöglicht (FRACKMANN 96, S. 39).

Um eine optimale Führungsunterstützung entsprechend der Charakteristik der Managementarbeit zu gewährleisten, sollte ein Management Support System individuell adaptierbar und intuitiv nutzbar sein, den Zugriff auf alle relevanten internen und externen Daten gestatten, die Integration von Standardprogrammen erlauben sowie eine grafische Benutzeroberfläche und adäquate Präsentationsmöglichkeiten bereitstellen (ZANGER u. a. 95, S. 53f.).

Die Leistungsfähigkeit eines Management Support Systems ist als kritischer Erfolgsfaktor für ein Unternehmen von entscheidender Bedeutung (TIEMEYER 96b, S. 42). Die klassischen Management-Support-System-Implementierungen erfüllen jedoch die in dieser Hinsicht in sie gesetzten Erwartungen nicht. In der Literatur werden primär folgende Defizite bisheriger managementunterstützender Systeme beschrieben (STEINBOCK 94, S. 150ff.):

- Starre Berichtssysteme: Viele implementierte Führungssysteme zeichnen sich durch inflexible Berichtsgeneratoren aus. Die Form, der Inhalt und die Periodizität der Berichte sind im voraus festgelegt. Der in aller Regel aperiodische und häufig nur vage Informationsbedarf des Managements ist aber kaum vorhersehbar. Deshalb weisen die erzeugten Berichte oft Mängel hinsichtlich Relevanz und Aktualität auf. Eine weitere Schwäche klassischer Management Support Systeme stellt die fehlende Adaptivität an vom jeweiligen Nutzer gewünschte Sichten und Aggregationsgrade dar.

- Probleme des Datenzugriffs: Die Entwicklung effizienter Management Support Systeme wird durch oft strukturell heterogene, inkonsistente und auf unterschiedlichen Hard- und Softwareplattformen verteilte Daten, die von einem komplexen Administrationssystem über eine Vielzahl von Schnittstellen verwaltet werden müssen, erschwert. Zusätzliche Schwierigkeiten bereiten die operativen Systeme, mit denen das Management Support System um die Zugriffe auf die originäre Datenbasis in Konkurrenz steht.

- Fehlende Einbindung externer und qualitativer Informationen: Die traditionellen Führungsunterstützungssysteme sind in ihrer Mehrzahl fast ausschließlich auf quantitative Werte fixiert, während qualitative Größen kaum eine Rolle spielen. Ebenso verhält es sich bei der fehlenden Einbeziehung externer Informationen.

- Schwachstellen in der analytischen Unterstützung: Mit der Integration von Methoden der Statistik und des Operations Research in managementunterstützende Systeme sollte eine neue Qualität der Unternehmensführung ermöglicht werden. Beispielsweise können durch Simulationen und Prognosen bezüglich des Wettbewerberverhaltens, der Branchendynamik und der Kundenreaktionen neue Dimensionen der Führungsunterstützung erreicht werden. Eine Umsetzung dieser Konzepte scheiterte jedoch an der hohen Komplexität der mikro- und makroökonomischen Realität, die sich bisher nur sehr ungenügend in entsprechenden Modellen nachvollziehen ließ.

- Mangelnde Akzeptanz bei Führungskräften: Fehlende Mitwirkung des Managements bei der Entwicklung, unrealistische Erwartungshaltungen und unergonomische Benutzerschnittstellen zählen zu den Hauptproblemen bei der Implementierung von Management Support Systemen. Außerdem sind Topmanager eher zurückhaltend bei der Nutzung von Informationstechnik und delegieren derartige Aufgaben häufig an ihre Mitarbeiter.

Der überwiegende Teil dieser Defizite ist auf den damaligen Entwicklungsstand der Informationstechnik zurückzuführen. Mit Beginn der neunziger Jahre begann auf der Basis einer weiterentwickelten Infrastruktur die Realisierung neuer Konzepte von managementunterstützenden

Computersystemen, von denen eine Beseitigung der beschriebenen Restriktionen erwartet wird (STEINBOCK 94, S. 152).

3 Data-Warehouse-Konzept

Das Data Warehousing stellt ein umfassendes Konzept zur Informationsgewinnung dar (ROSE 95, S. 12). Im folgenden werden die Gründe erläutert, die dazu geführt haben, daß das Data-Warehouse-Konzept als der derzeit vielversprechendste Ansatz zur Verbesserung der Funktionalität von Management Support Systemen angesehen wird. Darüber hinaus werden die Eigenschaften, die Architektur, die Organisationsformen und die Nutzenpotentiale von Data-Warehouse-Implementierungen diskutiert.

3.1 Ausgangspunkt

Die betrieblichen Datenverarbeitungssysteme wurden in der Vergangenheit in der Regel isoliert voneinander entwickelt, so daß die in Kapitel 2.1 geforderte horizontale und vertikale Datenintegration oft nur lückenhaft oder überhaupt nicht gegeben ist (MUCKSCH u. a. 96a, S. 421). Ein Großteil der führungsrelevanten Daten ist auf heterogene, veraltete und inkompatible Systeme mit uneinheitlichen Zugriffsverfahren und Datenformaten verteilt. Außerdem wird die Lokalisierung thematisch verwandter Daten durch zunehmende Autonomie und Dezentralisierung von Unternehmensbereichen immer komplexer. Ein Heranziehen der Unternehmensdaten zur Entscheidungsunterstützung im Rahmen von Management Support Systemen scheitert somit oft an ihrer schwierigen Zugänglichkeit (STEINBOCK 94, S. 154).

Darüber hinaus sind die Daten der operativen Systeme aufgrund ihrer in Tabelle 1 dargestellten Charakteristik nicht für eine direkte Nutzung in Management Support Systemen geeignet. Ihre diesbezüglichen Mängel sollten deshalb durch eine methodische Aufbereitung beseitigt werden. (MUCKSCH u. a. 96a, S. 422).

Merkmal	operative Systeme	Management Support Systeme
Typische Datenstruktur	flache, nichthierarchische Tabellen	multidimensionale Strukturen
Identifikationskriterium	eindimensional	mehrdimensional
Datenmanipulation	zeilenbezogen, aktualisierend	sichtenspezifisch, analysierend
Datenmenge pro Transaktion	klein	sehr groß
Betrachtungsebene	detailliert	aggregiert
Zeithorizont	gegenwärtig	historisch, gegenwärtig und zukünftig

Tabelle 1: Gegenüberstellung operativer und managementunterstützender Systeme (MUCKSCH u. a. 96a, S. 422)

Für ein Unternehmen empfiehlt es sich deshalb, zwei unterschiedliche Datenumgebungen zu entwickeln, von denen, wie es die Abbildung 1 verdeutlicht, jeweils eine für operative und eine für informative Anwendungen optimiert ist (VORWEG 95, S. 19).

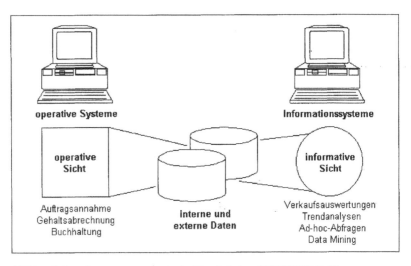

Abbildung 1: Operative versus managementunterstützende Systeme (VORWEG 95, S. 19)

Zukünftige Informationssystemarchitekturen müssen einen flexiblen, effizienten und komfortablen Zugriff auf unternehmensinterne und -externe Informationen erlauben. Anstatt nur im voraus definierte Berichte geliefert zu bekommen, sollte jeder autorisierte Nutzer seinen „Warenkorb" an relevanten Informationen selbst zusammenstellen können. In letzter Zeit wird an der Entwicklung einer neuen Generation von managementunterstützenden Informationssystemen auf der Basis weiterentwickelter Informations- und Kommunikationstechnologien gearbeitet, die die in Kapitel 2.3 beschriebenen Defizite traditioneller Management Support Systeme beseitigen helfen soll. Mit dem Data Warehousing ragt ein Konzept zur Verbesserung der Funktionalität von Führungssystemen heraus (STEINBOCK 94, S. 152ff.).

3.2 Charakteristik des Data Warehouse

Das wichtigste mit dem Data-Warehouse-Konzept verfolgte Ziel ist es, Führungskräfte durch eine durchgängige, konsistente und endbenutzerorientierte Informationsbereitstellung zu unterstützen. Definiert wird ein Data Warehouse allgemein als eine von den operativen Systemen separierte Datenbank, die allen im Unternehmen eingesetzten Management Support Systemen als gemeinsame Datenbasis dient (MUCKSCH 96, S. 86; LENZ 96, S. C820.03). Mit der Einführung eines Data Warehouse wird damit eine Zweiteilung der Organisation der Datenbestände im Unternehmen vorgenommen: jeweils physisch getrennte Datenbanken für operative und managementunterstützende Systeme (TIEMEYER 96a, S. 46).

Das Datenmodell eines Data Warehouse enthält aggregierte Daten, selektive Redundanzen und zeitliche Abhängigkeiten und unterscheidet sich damit grundlegend von den Datenmodellen der operativen Datenverarbeitung (MUCKSCH 96, S. 87f.) Weitere charakteristische Merkmale, die das Data Warehouse im Gegensatz zu den operativen Systemen auszeichnen, sind Integration, Orientierung an unternehmensrelevanten Sachverhalten, Zeitraumbezug und Beständigkeit der Daten (REISER u. a. 96, S. 119; CROSSMAN 96, o. S.).

- Integration: Das Data-Warehouse-Konzept erhebt den Anspruch, entscheidungsrelevante Daten aus unterschiedlichsten internen und externen Quellen in einer einheitlichen Systemumgebung bereitzustellen (LOCHTE-HOLTGREVEN 96, S. 24). Die Daten verschiedener Herkunft weisen jedoch auch verschiedene inhaltliche und formale Kodierungen auf. Sie werden deshalb im Rahmen einer Struktur- und Formatvereinheitlichung zu integriertem Datenmaterial zusammengeführt und konsolidiert (SCHARF 95, S. 109; MUCKSCH 96, S. 89).

- Orientierung an unternehmensrelevanten Sachverhalten: Der Informationsbedarf von Entscheidungsträgern ist zum Großteil durch Sachverhalte bestimmt, die den Unternehmenserfolg beeinflussen können (MUCKSCH 96, S. 88). Die in den operativen Systemen gespeicherten Daten sind jedoch oftmals vollständig normalisiert und funktions-, prozeß- oder anwendungsabhängig strukturiert, was eine direkte Nutzung in Management Support Systemen erschwert. Im Data-Warehouse-Konzept werden diese Restriktionen beseitigt, indem die Daten benutzerrelevant aufbereitet und thematisch zusammengefaßt werden (SCHREMPF 95, S. 27, KLAHOLD 95, S. 30).

- Zeitraumbezug: Während in den operativen Systemen vielfach nur eine zeitpunktbezogene Betrachtung von Daten erfolgt, benötigt das Management auch Daten und Informationen, die die Entwicklung des Unternehmens in bestimmten Zeitabschnitten repräsentieren (MUCKSCH 96, S. 88). Im Data-Warehouse-Konzept wird deshalb den Daten zusätzlich die Zeit als Bezugsgröße zugeordnet, um so den Blick auch auf dynamische Prozesse zu ermöglichen (PURWIN 95, S. 44).

- Beständigkeit der Daten: Die Speicherung der Daten im Data Warehouse ist durch Nichtvolatilität gekennzeichnet, das heißt, die Daten werden nach ihrer Übernahme aus den Quellsystemen nicht mehr aktualisiert oder verändert. Diese Beständigkeit der Daten garantiert, daß sich alle einmal erstellten Auswertungen und Analysen jederzeit nachvollziehen und reproduzieren lassen. Um die Nichtvolatilität der Daten zu gewährleisten, werden die Zugriffe auf das Data Warehouse überwiegend lesend vorgenommen (MUCKSCH 96, S. 90).

3.3 Data-Warehouse-Architektur

Zunächst muß festgestellt werden, daß das Data-Warehouse-Konzept keine einheitliche und standardisierte, sondern eine unternehmensspezifische Lösung zur Verbesserung des Management Support darstellt. Ein Data Warehouse besitzt somit den Vorteil der individuellen und flexiblen Integration in die historisch gewachsene Datenverarbeitungslandschaft des Unternehmens (PURWIN 95, S. 44; GEISMAR 97, S. 26).

Trotz der beschriebenen Individualität eines Data Warehouse wird bei der Analyse verschiedener Implementierungsansätze, von den in Kapitel 3.4.1 beschriebenen Ausnahmen abgesehen, eine Übereinstimmung hinsichtlich der wesentlichen Komponenten sichtbar.

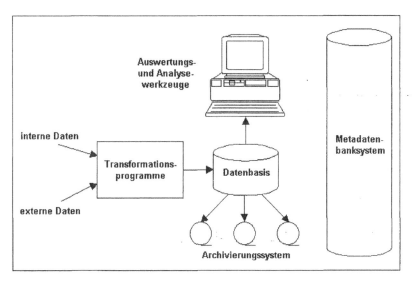

Abbildung 2: Data-Warehouse-Komponenten (MUCKSCH 96, S. 91)

Wie in der Abbildung 2 dargestellt, besteht die Data-Warehouse-Architektur aus Extraktions- und Transformationsprogrammen zur Datengewinnung aus unternehmensinternen und -externen Quellen, einer Datenbasis mit führungsrelevanten Daten, einem Archivierungs- und einem Metadatenbanksystem sowie Werkzeugen zur Datenauswertung und -analyse (MUCKSCH u. a. 96a, S. 423).

3.3.1 Datenbasis

Die Datenbasis stellt die Kernkomponente des Data-Warehouse-Konzeptes dar. In ihr sind entsprechend der im Kapitel 3.2 beschrieben Charakteristik (integriert, themenorientiert, zeitraumbezogen, nichtflüchtig) führungsrelevante Daten in unterschiedlichsten Verdichtungsstufen gespeichert (MUCKSCH u. a. 96a, S. 423).

Das Datenbankmanagementsystem, mit dem die Datenbasis des Data Warehouse realisiert wird, ist in Abhängigkeit der geplanten Auswertungs- und Analysewerkzeuge zu wählen. Derzeit werden in Data-Warehouse-Installationen vorzugsweise relationale und erweitert relationale Datenbankmanagementsysteme eingesetzt. Soll das zu implementierende Management Support System, wie in Kapitel 3.3.4 erörtert wird, On-Line-Analytical-Processing-Funktionalität aufweisen, kann zusätzlich auch ein multidimensionales Datenbanksystem gewählt werden, das speziell auf die Speicherung mehrdimensionaler Datenstrukturen zugeschnitten ist (MUCKSCH u. a. 96a, S. 424 u. S. 432; GLUCHOWSKI 96, S. 259).

Beim Aufbau einer Data-Warehouse-Datenbasis sind hinsichtlich ihrer Struktur und der Konzeption ihres Datenmodells charakteristische Gestaltungsaspekte zu berücksichtigen (MUCKSCH u. a. 96a, S. 429):

- Granularität: Die Granularität gibt Auskunft über den Verdichtungssgrad eines Datenbestandes. Bei der Wahl einer für ein Data Warehouse geeigneten Granularität sind zwei einander konträr gegenüberstehende Forderungen zu beachten. Aus der betriebswirtschaftlichen Sicht ist eine geringe Granularität vorteilhaft, um Entscheidungsträgern auch den Zugriff auf sehr detaillierte Auswertungen und Analysen zu ermöglichen. Aus dem Blickwinkel der Datenverarbeitung ist jedoch eine hohe Granularität anzustreben, weil sich ein damit verbundener geringerer Datenumfang positiv auf Speicherplatzbedarf, Netzwerkbelastung und

Antwortzeitverhalten auswirkt. Um diesen gegensätzlichen Anforderungen Rechnung zu tragen, sollte ein Kompromiß in Form einer mehrstufigen Granularität gewählt werden. Während Daten jüngeren Datums meist sehr detailliert gehalten werden müssen, reicht es oftmals aus, ältere Daten in höheren Verdichtungsstufen zu speichern.

• Partitionierung: Die Partitionierung der im Data Warehouse enthaltenen Daten stellt ein Gestaltungsmerkmal dar, mit dem die Verarbeitungseffizienz entscheidend beeinflußt werden kann. Einen Datenbestand zu partitionieren heißt, ihn in mehrere, physisch selbständige und redundanzfreie Einheiten aufzuspalten. Kleine Datenmengen besitzen den Vorteil, daß sie sich im Vergleich zu großen Datenbeständen leichter restrukturieren, indizieren, reorganisieren, sichern und verarbeiten lassen. Werden die Daten eines Data Warehouse partitioniert, ist jedoch zu berücksichtigen, daß sich der Aufwand bei der Entwicklung des Datenmodells, bei der Datenübernahme aus den Quellsystemen sowie bei alle Daten einbeziehenden Auswertungen und Analysen entsprechend erhöht. Eine Partitionierung des Datenbestandes kann je nach betrieblichen Erfordernissen sowohl horizontal als auch vertikal erfolgen.

• Denormalisierung: Damit die referenzielle Integrität und die Konsistenz gewährleistet sind, werden die Daten in den relationalen Datenbanken der operativen Systeme zumeist in der dritten Normalform gehalten. Aus Gründen der Praktikabilität ist diese Art der Speicherung für ein Data Warehouse ungeeignet. Mit der Denormalisierung findet ein Verfahren Anwendung, bei dem der Übergang zur vierten Normalform nicht ausgeführt oder wieder rückgängig gemacht wird. Dieses Vorgehen führt zu einer Reduktion der Datenbankzugriffe und damit verbunden zu Entlastungen der betroffenen Hard- und Softwarekomponenten sowie zu verbessertem Antwortzeitverhalten. Durch die Denormalisierung entstehen im Datenbestand jedoch zu akzeptierende partielle Redundanzen, die einen erhöhten Speicherbedarf zur Folge haben. Eine häufig verwendete denormalisierte Struktur ist das sogenannte „Stern Schema", in dem die Daten in einer mehrdimensionalen Form gespeichert werden.

Die Aktualisierung und Erweiterung der Datenbasis eines Data Warehouse erfolgt periodisch entsprechend den unternehmensspezifischen Bedürfnissen (MUCKSCH u. a. 96a, S. 423).

3.3.2   Extraktions- und Transformationswerkzeuge

Eine weitere wesentliche Komponente der Data-Warehouse-Architektur sind die eingesetzten Extraktions- und Transformationsprogramme. Sie bilden die unmittelbare Schnittstelle zu internen und externen Datenquellen. Die Extraktions- und Transformationsprogramme enthalten Mechanismen, die die Gewinnung der Daten, ihre Struktur- und Formatvereinheitlichung, ihren Transport und ihre Integration in die Data-Warehouse-Datenbasis weitgehend automatisieren. Die Gestaltung der Datenextraktions- und Transformationsprozesse weist eine hohe Komplexität auf und sollte deshalb durch geeignete Administrationswerkzeuge unterstützt werden (MUCKSCH u. a. 96a, S. 425).

Bei der Extraktion der Daten aus ihren jeweiligen Quellumgebungen und ihrer Überführung in eine Data-Warehouse-Datenbasis werden derzeit folgende Verfahren bzw. Werkzeuge eingesetzt (WINTERKAMP 96, S. XII):

- Code-Generatoren: Eine Datenextraktion mittels Code-Generatoren erfolgt unter Anwendung definierter Transformationsregeln, basierend auf der Kenntnis der Datenstruktur von Quell- und Zielsystem. Code-Generatoren werden als Softwareprodukt von einer Reihe von Herstellern angeboten und müssen deshalb nicht individuell erstellt werden. Sie weisen im Vergleich zu anderen Datenextraktionsverfahren die höchste Flexibilität hinsichtlich der Integration heterogener Datenstrukturen und -formate auf.

- Daten-Replikation: Moderne Datenbankmanagementsysteme enthalten Replikationsmechanismen, die Veränderungen in den Quelldatenbanken erfassen und diese unter Berücksichtigung festgelegter Regeln und Bedingungen in die Zieldatenbank replizieren. Replikationswerkzeuge sind jedoch nur einsetzbar, wenn sowohl die Quell- als auch die Zielumgebung relationale Strukturen aufweisen; ihre Möglichkeiten zur Datentransformation sind somit sehr beschränkt.

- Copy-Management: Copy-Management-Software findet vor allem dann Anwendung, wenn große Datenbestände mit hoher Geschwindigkeit aus einem Quell- in ein Zielsystem übernommen werden sollen. Copy-Management-Werkzeuge besitzen vielfach nur geringe Fähigkeiten zur Integration und Transformation von Daten aus heterogenen Quellen.

- Datenbank-Gateways: Datenbank-Gateways werden eingesetzt, wenn ein Data Warehouse, wie in Kapitel 3.4.1 beschrieben, nur virtuell realisiert ist und somit keine physisch eigenständige Datenbasis besitzt. Jeder Datenzugriff erfolgt direkt auf die Quelldaten mit ihren für Auswertungen und Analysen ungünstigen Strukturen. Somit besitzen auch Datenbank-Gateways kaum Möglichkeiten zur Datentransformation, denn alle Struktur- und Formatveränderungen an den Quelldaten müßten während der Laufzeit einer Anwendung vorgenommen werden. Zusätzlich ist der Zugriff auf nicht-relationale Quellsysteme bei diesem Verfahren extrem limitiert und inperformant.

Bei der Auswahl von geeigneten Extraktions- und Transformationswerkzeugen ist zu berücksichtigen, daß ihre Leistungsfähigkeit die Qualität der im Data Warehouse gespeicherten Daten unmittelbar beeinflußt. Extraktions- und Transformationswerkzeuge müssen außerdem eine hohe Effizienz bei der Datenübernahme und -umwandlung aufweisen, denn das Spektrum und das Volumen der zu integrierenden Daten wird mit zunehmender Nutzungsintensität des Data Warehouse noch wachsen (MUCKSCH u. a. 96a, S. 425).

3.3.3   Metadatenbanksystem

Im Metadatenbanksystem werden, wie in Abbildung 3 beispielhaft dargestellt, alle Informationen über den Aufbau und die Funktionalität des Data Warehouse und der darin enthaltenen Daten gespeichert und verwaltet. Es schafft somit die Transparenz, die sowohl die Anwender aus dem Management als auch die mit der Wartung betrauten DV-Mitarbeiter für ihre Aktivitäten benötigen (MUCKSCH u. a. 96a, S. 426).

Idealerweise baut die Metadatenverwaltung im Data-Warehouse-Konzept auf einem unternehmensweiten Datenmodell auf, das die in Kapitel 2.1 diskutierte bereichsunabhängige, organisationseinheitenübergreifende, zeitlich stabile und anwendungsneutrale Datenstruktur im gesamten Unternehmen garantieren soll (SCHARF 95, S. 109).

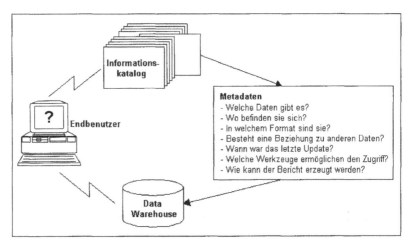

Abbildung 3: Metadatenbanksystem (VORWEG 95, S. 24)

In das Metadatenbanksystem werden folgende DV-technische und betriebswirtschaftliche Informationen abgelegt (MUCKSCH u. a. 96a, S. 426; SCHARF 95, S. 109):

- das dem Data Warehouse zugrundeliegende Datenmodell mit einer semantischen und DV-technischen Beschreibung aller Daten,
- Informationen über die Datenquellen,
- Beschreibungen von Methoden und Verfahren, die bei der automatischen Datenextraktion und -transformation aus den Quellsystemen Anwendung finden,
- Definitionen, über welche Zeiträume die Datenhistorie verfolgt wird und in welchen Zyklen eine Aktualisierung vorgenommen wird,
- Abbildungen aller vorhandenen Verdichtungsstufen und
- bestehende Auswertungen und Analysen, die als Musterbeispiele für weitere Anwendungen dienen können.

In einem Metadatenbanksystem können darüber hinaus Benutzerprofile hinterlegt werden, damit Führungskräfte nur entsprechend ihrem Informationsbedarf versorgt und Informationsüberflutungen vermieden werden. Im Funktionsumfang eines Metadatenbanksystems müssen außerdem geeignete Werkzeuge enthalten sein, die die Entscheidungsträger bei der Auswahl der für sie relevanten Informationen unterstützen (MUCKSCH u. a. 96a, S. 426).

3.3.4 Auswertungs- und Analysewerkzeuge

Die Auswertungs- und Analysewerkzeuge stellen im Rahmen des Data-Warehouse-Konzeptes die häufig mit „Business Intelligence" bezeichnete Funktionalität bereit, die Entscheidungsträger benötigen, um auf die Datenbasis zuzugreifen und aus den dort gespeicherten Daten entscheidungsrelevante Informationen zu generieren (HEINRICH u. a. 96, S. 22). In den letzten Jahren wurden viele innovative Auswertungs- und Analysewerkzeuge entwickelt, die über eine intuitiv handhabbare Benutzeroberfläche Anwendern die Möglichkeit bieten, mit Daten kreativ und explorativ umzugehen (LOCHTE-HOLTGREVEN 96, S. 25).

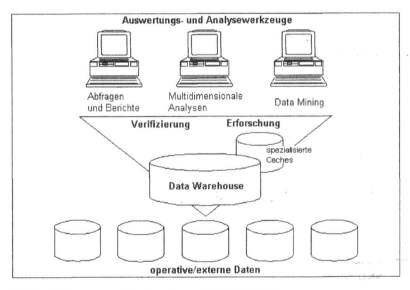

Abbildung 4: Auswertungs- und Analysewerkzeuge (VORWEG 95, S. 25)

Entsprechend Abbildung 4 läßt sich Auswertungs- und Analysesoftware in drei wesentliche Gruppen unterteilen. Jeweils nach dem für sie charakteristischen Aufgabenspektrum differenziert man in traditionelle Anfrage- und Reportinganwendungen, Applikationen für multidimensionale Analysen sowie Data-Mining-Werkzeuge (BALLARD 96, o. S.).

- Traditionelle Anfrage- und Reportingwerkzeuge:

  Die traditionellen Anfrage- und Reportingwerkzeuge stellen Anwendungen dar, bei denen bereits eine Anfrage an die Data-Warehouse-Datenbasis das gewünschte Ergebnis liefert. Die wichtigste Funktion von Anfrage- und Reportingwerkzeugen ist es, Daten gemäß definierter Auswertungsbedingungen aus der Datenbank zu selektieren und in einer benutzerfreundlichen Form zu präsentieren. Darüber hinaus muß Software dieser Art den Anwender bei der Formulierung und Modifikation von Anfragen unterstützen (MEITH 96, S. 29).

  Die Anfrage- und Reportingwerkzeuge sollten weiterhin in der Lage sein, neben Standard- auch Ad-hoc- und Ausnahmeberichte zu generieren, wenn das von Entscheidungsträgern gewünscht wird (TIEMEYER 96b, S. 44). Standardberichte werden Führungskräften periodisch und in vordefinierter Form zur Verfügung gestellt. Die Möglichkeit zur Erzeugung von Ad-hoc-Berichten sollte gegeben sein, damit auch ein nicht vorhersehbarer, spontan auftretender Informationsbedarf des Managements befriedigt werden kann. Mit Ausnahmeberichten wird das Ziel verfolgt, durch Informationsfilterung einer Informationsüberflutung von Führungskräften vorzubeugen. Eine Berichtserstellung wird dabei nur ausgelöst, wenn festgelegte Schwellwerte über- bzw. unterschritten werden (BUGGERT u. a. 94, S. 336f.).

- Werkzeuge zur multidimensionalen Datenanalyse:

  Das Management benötigt zur Analyse der Unternehmensdaten weitere Instrumente, die eine über die traditionellen Anfrage- und Reportingwerkzeuge hinausgehende On-Line-Analytical-Processing-Funktionalität aufweisen. On-Line-Analytical-Processing stellt ein ursprünglich von E. F. CODD formuliertes Konzept moderner Analysesysteme dar, das Führungskräften die Möglichkeit bieten soll, die Daten in neuer, mehrdimensionaler Perspektive zu betrachten (RITTERRATH 96, S. 35).

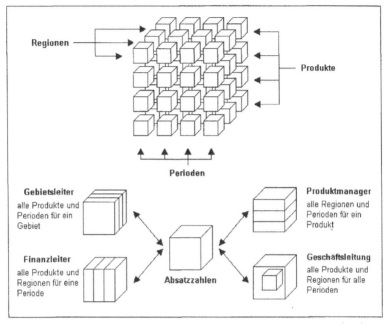

Abbildung 5: Multidimensionale Sichten (HANNIG 96, S. 44)

Um dem Nutzer einen einfachen und intuitiven Zugang zu multidimensionalen Daten zu verschaffen, werden beim On-Line-Analytical-Processing gleiche Dimensionen aufweisende Kennzahlen, wie in der Abbildung 5 dargestellt, zu Informationskomplexen - sogenannten Datenwürfeln - zusammengefaßt. Innerhalb dieser Datenwürfel stehen den Anwendern mit Drill-down, Roll-up und Slice-and-Dice Navigationsmechanismen zur Verfügung, um den Datenbestand sukzessiv und assoziativ zu erschließen (JAHNKE u. a. 96, S. 322f.). Beim Drill-down handelt es sich um einen Navigationsprozeß, bei dem eine Führungskraft innerhalb eines Datenwürfels niedrigere Detaillierungsebenen öffnet, um die Ursachen eines beobachteten Phänomens näher zu bestimmen. Roll-up bezeichnet ein dazu entgegengesetztes Vorgehen. Mittels Slice-and-Dice kann ein Entscheidungsträger den Datenwürfel zur Beantwortung unterschiedlichster Fragestellungen entlang wählbarer Achsen segmentieren (slice) oder drehen (dice) (RECKERT 96, S. XXVI).

Derzeit stellt das On-Line-Analytical-Processing vielfach die wichtigste Motivation für eine Data-Warehouse-Implementierung dar (MUCKSCH u. a. 96a, S. 421).

- Data-Mining-Werkzeuge:

Data-Mining-Werkzeuge werden mit dem Ziel eingesetzt, die im Unternehmen vorhandenen Daten optimal zur Beantwortung betriebswirtschaftlicher Fragestellungen zu nutzen. Dabei geht es beim Data Mining im Gegensatz zu traditionellem Reporting oder dem On-Line-Analytical-Processing nicht um die explizit in der Datenbasis gespeicherten Daten, sondern um das Erschließen von implizit vorhandenen Informationen, wie beispielsweise im Datenmaterial enthaltene, bisher unbekannte Abhängigkeiten oder statistische Zusammenhänge von Kennzahlen (BUSER 95, S. 30).

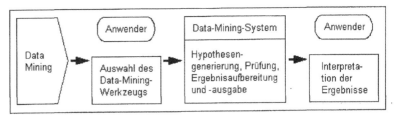

Abbildung 6: Data Mining (BISSANTZ u. a. 96a, S. 70)

Beim Data Mining finden Verfahren Anwendung, die, wie die Abbildung 6 verdeutlicht, durch kreatives Kombinieren oder das Ziehen von Analogieschlüssen weitgehend selbständig in Datenbeständen nach signifikanten Auffälligkeiten suchen und diese zur weiteren Analyse dem Anwender übergeben (BUSER 95, S. 30; BISSANTZ u. a. 96a, S. 69f.). Ein Überblick über verschiedene Verfahren und Techniken des Data Mining wird unter BEHME 96b, S. 18ff., gegeben.

Ein Management Support System sollte unter einer einheitlichen Benutzeroberfläche eine Auswahl der eben beschrieben Auswertungs- und Analysewerkzeuge bereitstellen, um eine optimale Unterstützung von Führungskräften bei der Entscheidungsfindung zu gewährleisten.

3.3.5   Archivierungssystem

Die Funktionen der Datensicherung und -archivierung werden im Rahmen des Data-Ware-house-Konzeptes von einem Archivierungssystem wahrgenommen. Die Datensicherung dient einer Wiederherstellung der Datenbasis des Data Warehouse, wenn Daten durch Programm-oder Systemfehler verlorengegangen sind. Es ist notwendig, zumindest die Daten der untersten Verdichtungsstufe zu sichern. Darüber hinaus kann auch eine Sicherung aller anderen Aggre-gationsebenen erfolgen, wenn eine schnelle Wiederherstellung der Datenbasis im Fehlerfall erfolgskritisch ist. Bei der Archivierung werden die Daten in Abhängigkeit ihres Alters und ihrer Verdichtungsstufe periodisch aus der Datenbasis auf Offline-Medien (z. B. optische Spei-cherplatten) ausgelagert, um über eine Reduzierung des Volumens der Datenbasis Perfor-mancesteigerungen zu erzielen (MUCKSCH u. a. 96a, S. 426).

3.3.6   Hard- und Softwarevoraussetzungen

Bei der informationstechnischen Umsetzung wird ein Data Warehouse zumeist in einer drei Schichten umfassenden Client-/Server-Umgebung implementiert. Diese drei Schichten bilden die Server mit den internen und externen Quelldaten auf der untersten Ebene, einem oder mehreren Servern, auf denen das Data Warehouse realisiert wird, in einer mittleren Ebene und den Clients mit den Endbenutzerwerkzeugen auf der obersten Ebene (TIEMEYER 96a, S. 54f.). Der Einsatz von Client-/Server-Technologien ermöglicht eine effektive und flexible Verteilung der beim Data Warehousing sehr hohen Rechnerbelastungen auf verschiedene Systeme, ohne daß die Integrität der verwalteten Daten beeinträchtigt wird (LOCHTE-HOLTGREVEN 96, S. 24).

Damit in einem Data Warehouse auch sehr große Datenbestände kostengünstig gespeichert und verarbeitet werden können und die Möglichkeit dessen schrittweiser Erweiterung in der Zu-kunft gegeben ist, wird die Verwendung problemlos skalierbarer Hard- und Softwarekompo-nenten empfohlen (MUCKSCH u. a. 96a, S. 423). Darüber hinaus wird für Data-Warehouse-Anwendungen der Einsatz von Multiprozessor- und Parallelrechnerarchitekturen propagiert, um auch bei umfangreichen Auswertungen und Analysen des Datenbestandes akzeptable Antwortzeiten zu erzielen (PCMAGAZIN 96, S. 5; SCHARF 95, S. 109).

Beim Aufbau eines Data Warehouse sollten die Hard- und Softwarebausteine ausgewählt werden, mit deren Hilfe die jeweiligen Data-Warehousing-Prozesse unter dem Gesichtspunkt einer optimalen Aufgabenerfüllung am besten gestaltet werden können. Dabei ist jedoch zu beachten, daß die Kompatibilität der unterschiedlichen Komponenten durch die Unterstützung standardisierter Schnittstellen, wie beispielsweise SQL, ODBC oder TCP/IP, sichergestellt wird (MÜLLER u. a. 97, S. 11).

3.4 Organisationsformen eines Data Warehouse

Die Organisationsform eines Data Warehouse ist in Abhängigkeit von Aufbau und Struktur des Unternehmens, der vorhandenen DV-Infrastruktur und Planungen bezüglich der zukünftigen Unternehmensentwicklung zu wählen. Ein Data Warehouse kann unter der Berücksichtigung unternehmensspezifischer Anforderungen technischer, geographischer, organisatorischer und rechtlicher Art virtuell, zentral oder verteilt realisiert sein (MUCKSCH u. a. 96a, S. 430).

3.4.1 Virtuelles Data Warehouse

Ein virtuelles Data Warehouse besitzt keine physisch eigenständige Datenbasis, in die die Daten aus ihrer Quellumgebung portiert werden. Demzufolge müssen Auswertungs- und Analysewerkzeuge direkt auf die operativen und externen Systeme zugreifen (FRISCH 95, S. 32). Bei diesem Zugriff müssen entsprechend leistungsfähige Extraktions- und Transformationsprogramme zur Laufzeit einer Auswertung oder Analyse das Vorhandensein eines Data Warehouse simulieren, indem einige der ein Data Warehouse auszeichnenden Eigenschaften, z. B. die Integration und die Sachbezogenheit der Daten, garantiert werden.

Bei der Beurteilung des virtuellen Data-Warehouse-Ansatzes muß eingeschätzt werden, daß er gegenüber anderen Konzepten zwar erhebliches Kostensenkungspotential aufweist, aber die in

Kapitel 2.3 beschriebenen Defizite managementunterstützender Systeme im wesentlichen bestehen bleiben. Diese Realisierungsvariante ist deshalb nur in Ausnahmefällen als Data-Warehouse-Lösung geeignet (HERZOG u. a. 95, S. 15; NUSSDORFER 96, S. 34).

3.4.2 Zentrales Data Warehouse

Die Einrichtung eines zentralen Data Warehouse bietet sich in den Unternehmen an, bei denen die vorhandene DV-Infrastruktur und die DV-Mitarbeiter bereits in einem zentralisierten DV-Bereich konzentriert sind (MUCKSCH 96, S. 107). Mögliche Ausprägungsformen eines zentral organisierten Data Warehouse sind in der Abbildung 7 dargestellt.

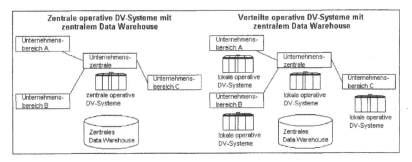

Abbildung 7: Zentrale Data-Warehouse-Strukturen (MUCKSCH 96, S. 107)

Die Vorteile einer zentralen Data-Warehouse-Implementierung bestehen in einem unkomplizierten Zugriff auf alle Unternehmensdaten, einem Datenmodell, das im Vergleich zu dem einer dezentralen Organisationsform leichter erstellbar und pflegbar ist, einer durch die zentrale Ausführung von Auswertungen und Analysen geringeren Belastung von DV-Ressourcen sowie einer erleichterten Zugriffskontrolle. Dem stehen mit einem erschwerten Zugriff der dezentralen Unternehmensbereiche auf das Data Warehouse, mit einer demzufolge untergeordneten Berücksichtigung des Informationsbedarfs nicht in der Unternehmenszentrale tätiger Manager und mit einem häufig unbefriedigenden Antwortzeitverhalten bei Anfragen dezentraler Stellen wesentliche Nachteile gegenüber (MUCKSCH 96, S. 107).

Eine Vielzahl von Unternehmen hat in der Vergangenheit mit der Realisierung eines zentralen Data Warehouse auf Großrechnern begonnen. In der Folge zunehmender Dezentralisierungstendenzen wird diese jedoch häufig auf eine Client-/Server-basierte verteilte Data-Warehouse-Struktur umgestellt, um die Flexibilität, Verfügbarkeit und Performance des Data Warehouse zu verbessern und dezentralen Nutzern eine höhere Unabhängigkeit zu ermöglichen (MUCKSCH 96, S. 108).

3.4.3 Dezentrales Data Warehouse / Data Mart

Ein Data Warehouse sollte dann dezentral implementiert werden, wenn auch die Führungskräfte aller ausgegliederten Unternehmensteile einen direkten Zugriff auf entscheidungsrelevante Daten benötigen. Die Voraussetzung für die verteilte Organisation eines Data Warehouse ist jedoch, daß auch die entsprechende dezentrale DV-Infrastruktur und das Know-how im Umgang mit verteilten Systemen im Unternehmen vorhanden sind (MUCKSCH 96, S. 108).

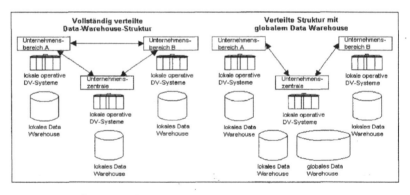

Abbildung 8: Verteilte Data-Warehouse-Strukturen (MUCKSCH 96, S. 109)

Eine unternehmensbereichs- oder aufgabenbezogene, lokal gespeicherte Teilmenge eines Data Warehouse wird als Data Mart bezeichnet. Data Marts ermöglichen eine fachlich begrenzte Sicht auf eine spezielle betriebswirtschaftliche Problemstellung. Sie bieten außerdem den Vorteil, daß sie in überschaubaren, kleineren Projekten mit begrenzten Budgets und in kürzerer Zeit eingerichtet werden können (GÄRTNER 96, S. 134f.; MARTIN 96a, S. 39).

Die Abbildung 8 zeigt beispielhaft zwei vorstellbare Alternativen bei der Implementierung eines verteilten Data Warehouse. Ein vollständig verteiltes Data Warehouse zeichnet sich durch die lokale Verfügbarkeit aller relevanten Daten aus. Außerdem ist durch die Nutzung einer Client-/Server-Architektur eine sehr hohe Flexibilität erreichbar. Werden allerdings alle Data Marts einbeziehende unternehmensweite Auswertungen und Analysen durchgeführt, steigt die Belastung der DV-Ressourcen unter Umständen kritisch an. Dieser Nachteil läßt sich jedoch durch den zusätzlichen Aufbau eines globalen Data Warehouse in der Unternehmenszentrale beseitigen, in das periodisch alle für unternehmensweite Auswertungen und Analysen benötigte Daten aus den Data Marts repliziert werden (MUCKSCH 96, S. 108f.).

3.5   Vorgehensmodell zum Aufbau eines Data Warehouse

Die Vorgehensweise bei der praktischen Umsetzung des Data-Warehouse-Konzeptes unterscheidet sich in ihren Grundzügen nicht wesentlich von der anderer Projekte im Bereich des Informationsmanagements (MEITH 96, S. 28).

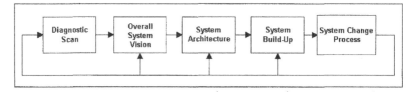

Abbildung 9: Vorgehensmodell zum Aufbau eines Data Warehouse (BÖHME 96a, S. 42)

Entsprechend dem in der Abbildung 9 dargestellten Vorgehensmodell sollte der Aufbau eines Data Warehouse phasenweise erfolgen. Die Abarbeitung dieses Schemas muß dabei nicht ausschließlich sequentiell vorgenommen werden. Um während des Projektes gewonnene Erkenntnisse in die Konzeption des Data Warehouse einfließen zu lassen, ist es häufig sinnvoll, zu bereits durchlaufenen Phasen zurückzuverzweigen (BEHME 96a, S. 41).

Im Rahmen des Diagnostic Scan werden der organisatorische Aufbau und die informationstechnische Infrastruktur des Unternehmens unter Berücksichtigung der betrieblichen Geschäftsprozesse und der daraus entstehenden Informationsflüsse analysiert (BEHME 96a, S. 42).

Aufbauend auf den Ergebnissen des Diagnostic Scan wird während der Overall System Vision eine von allen späteren Benutzern gemeinsam getragene Vision des Data Warehouse entwickelt, die sowohl die geäußerten Informationsbedürfnisse berücksichtigt als auch alle benötigten betriebswirtschaftlichen und technologischen Modelle einbezieht (BEHME 96a, S. 42).

Im darauffolgenden Entwurf der System Architecture erfolgt eine Konkretisierung der Overall System Vision in Form eines logischen Modells. Dabei werden die Komponenten des Data Warehouse und ihr späteres Zusammenwirken konzipiert (BEHME 96a, S. 42).

Das System Build-Up hat die physische Umsetzung der zuvor geplanten Data-Warehouse-Architektur zum Inhalt. Während dieses Vorganges kann bereits mit der Schulung der Anwender und des für die Wartung vorgesehenen Personals begonnen werden. Die Phase des System Build-Up endet mit der Produktivsetzung des Data Warehouse (BEHME 96a, S. 43).

Im Laufe der produktiven Nutzung unterliegt das Data Warehouse mit dem System Change Process einer kontinuierlichen Weiterentwicklung. Dabei umfaßt der System Change Process sowohl durch Anwender initiierte Verbesserungen als auch Erweiterungen der bestehenden Data-Warehouse-Lösung (BEHME 96a, S. 43).

Die bei bisherigen Data-Warehouse-Projekten gesammelten Erfahrungen zeigen, daß die direkte Entwicklung einer allumfassenden Data-Warehouse-Lösung kaum realisierbar ist. Es empfiehlt sich daher, bei der Implementierung eines Data Warehouse nach der Devise „Think big - Start small" vorzugehen und mit einem kleinen Pilotprojekt zu beginnen, das einen überschaubaren finanziellen Rahmen aufweist, aber bereits einen hohen Nutzen für das Unternehmen erwarten läßt (MEITH 96, S. 28; SCHWAB 96, S. 81). Aus einer solchen Kerninstallation heraus können dann sukzessiv immer weitere Bereiche einbezogen werden, bis eine unternehmensweite Data-Warehouse-Lösung realisiert ist (LAND 96, S. 26).

3.6   Evaluierung des Data-Warehouse-Konzeptes

Grundsätzlich ist festzustellen, daß einem Unternehmen kein eindeutig quantifizierbarer Nutzen durch eine Data-Warehouse-Einführung entsteht. Dementsprechend können auch Methoden der Investitionsrechnung (z. B. die Ermittlung des Return-on-Investment) nicht zur Begründung eines derartigen Projektes herangezogen werden (MUCKSCH u. a. 96a, S. 430). Durch die Einführung eines Data Warehouse treten jedoch eine Reihe qualitativer Nutzenpotentiale auf, deren Ausschöpfen zu einer wesentlichen Verbesserung der Funktionalität managementunterstützender Systeme beitragen kann.

- Bereitstellung einer integrierten Datenbasis:
  Mit der Einführung eines Data Warehouse wird eine unternehmensweite Datenbasis geschaffen, die den spezifischen Erfordernissen von Management Support Systemen angepaßt ist. Mit der Einbindung eines Data Warehouse in die informationstechnische Infrastruktur eines Unternehmens wird die horizontale und vertikale Datenintegration entscheidend verbessert (MUCKSCH u. a. 96a, S. 430).

- Effiziente Informationsbereitstellung für Entscheidungsträger:
  Die Informationsversorgung der Führungskräfte kann durch eine Data-Warehouse-Implementierung in qualitativer, quantitativer und zeitlicher Hinsicht wesentlich verbessert werden. Die Abbildung 10 zeigt beispielhaft, daß ein Data Warehouse mit einer Erhöhung der Informationssicherheit, bezogen auf einen bestimmten Zeitpunkt, qualitative oder mit einer Steigerung der Reaktionsgeschwindigkeit zeitliche Verbesserungen ermöglichen kann (MUCKSCH u. a. 96a, S. 430).

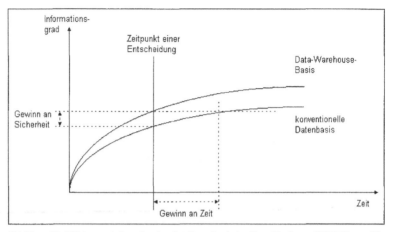

Abbildung 10: Effizientere Informationsbereitstellung durch das Data Warehouse (REISER u. a. 96, S. 126)

Durch eine den speziellen Erfordernissen des Managements angepaßte Datenbasis wird das Aufzeigen von Handlungs- und Entscheidungsalternativen durch What-If-, Zeitreihen- und Kennzahlenanalysen, Szenarien und Simulationen sowie das schnelle Generieren von Standard- und Ausnahmeberichten effizienter als bisher gestaltet (MUCKSCH u. a. 96a, S. 431f.).

- Entlastung der operativen Systeme:

  Auf der Datenbasis des Data Warehouse werden bei Analysen sehr aufwendige und komplexe Transaktionen vorgenommen. Die physische Trennung der Datenhaltung von operativen und managementunterstützenden Systemen führt deshalb zu einer deutlichen Entlastung der Datenbanksysteme im operativen und zu einem verbesserten Antwortzeitverhalten im managementunterstützenden Bereich (MUCKSCH u. a. 96a, S. 431).

Die individuelle Bedeutung eines Data Warehouse ist letztlich daran zu messen, inwieweit sein Einsatz zur Erreichung strategischer Unternehmensziele, wie beispielsweise einer Schaffung von Wettbewerbsvorteilen und einer Vergrößerung von Marktanteilen, beiträgt (MUCKSCH u. a. 96a, S. 430).

4 Quellen externer Informationen

Externe Informationen werden außerhalb des Unternehmens generiert. Sie sind zumeist auch anderen Interessenten, wie Kunden, Lieferanten, Kooperationspartnern und Konkurrenten, zugänglich. Es muß konstatiert werden, daß aus der Sicht der Unternehmensführung nicht nur primär wirtschaftliche, sondern auch beispielsweise politische, soziologische und technische Informationen potentiell relevant sind und einer Beobachtung bedürfen (HABERMANN 93, S. 158).

Aus ihrer wachsenden Bedeutung als Produktions- und Wettbewerbsfaktor resultiert die Forderung an das Management eines Unternehmens, neben internen auch externe Informationen systematisch nachzufragen. Im folgenden sollen die wichtigsten Quellen externer Informationen untersucht und einer Beurteilung hinsichtlich ihrer Eignung für eine direkte Nutzung durch Führungskräfte unterzogen werden.

4.1 Online-Datenbanken

Online-Datenbanken sind online verfügbare elektronische Informationsspeicher, aus denen gezielt im Unternehmen benötigte externe Informationen gewonnen werden können (VOM KOLKE 96, S. 15). Online-Datenbanken müssen im Gegensatz zu internen Datenbanken nicht selbst aufgebaut und aktualisiert werden. Diese Aufgaben werden auf kommerzielle Informationsdienstleister ausgelagert (HEINZELBECKER 95, Sp. 420f.).

Auf dem wachsenden Markt für elektronische Informationen stellen die Online-Datenbanken die derzeit bedeutendste externe Informationsquelle für Unternehmen dar. Weltweit sind zur Zeit über 5500 Online-Datenbanken öffentlich zugänglich, von denen etwa ein Drittel Wirtschaftsinformationen enthält. Diesem umfangreichen Angebot an Online-Datenbanken steht in Deutschland eine Nachfrage gegenüber, die im Vergleich zu anderen führenden Industrienationen als defizitär eingeschätzt wird (HERGET u. a. 95, S. 130; BUSCHMANN 92, S. 390 u. S. 395).

Die Online-Datenbanken weisen gegenüber konventionellen Informationsquellen mit ihrer schnellen Verfügbarkeit, ihrer räumlichen Unabhängigkeit, einer großen Suchvariabilität und ihrer hohen Aktualität wesentliche Vorteile auf. Die Nutzung von Online-Datenbanken wird jedoch dadurch erschwert, daß sie die Kenntnis der jeweiligen Retrievalsprache voraussetzen und somit nicht intuitiv abfragbar sind. Zudem können Online-Datenbanken nur über Erfahrungswissen bezüglich ihrer Struktur und ihres Inhalts sowie über einen relativ hohen Informationsaufwand im Hinblick auf die ständige Beobachtung von Entwicklungen auf dem Online-Markt und Änderungen an den Datenbanken effizient erschlossen werden (VOM KOLKE 96, S. 3ff.). Eine Auswahl von Online-Datenbanken mit wirtschaftlichem Profil befindet sich in Anlage 1.

Die Datenbankproduzenten vermarkten ihre Datenbanken zumeist nicht selbst, sondern sie bedienen sich dabei spezieller Informationsvermittler - der sogenannten Hosts. Die Hosts stellen ihre Dienste jeweils einer Vielzahl unterschiedlicher Datenbankproduzenten zur Verfügung und tragen somit zu einer Konzentration des Datenbankangebotes bei. Aus der Sicht der Datenbanknutzer ist dieses Vorgehen von Vorteil, denn es erhöht die Transparenz des Marktes für Online-Datenbanken. Anstatt viele Nutzungsverträge mit Datenbankproduzenten schließen zu müssen, können Unternehmen über ein Abkommen mit einem Host alle von ihm angebotenen Datenbanken über eine einheitliche Abfragesprache nutzen (VOM KOLKE 96, S. 50). Eine Reihe von Hosts mit einem breiten Angebot an Online-Wirtschaftsdatenbanken wird in Anlage 2 vorgestellt.

Neben der Bereitstellung von Datenbanken für die Online-Nutzung wird von den Hosts eine Reihe weiterer Informationsdienstleistungen angeboten. Eine für Unternehmen besonders wichtige Dienstleistung bildet das mit „Selected Dissemination of Information" (SDI) bezeichnete Speichern von Suchprofilen beim Host. Diese Methode der Informationsbeschaffung ist vor allem für die Nutzer interessant, die längere Zeit zu einem bestimmten Thema informiert werden möchten. Nach jeder Aktualisierung der Datenbank werden dem Unternehmen die entsprechend dem gespeicherten Suchprofil gefundenen neuen Ergebnisse zur Verfügung gestellt (VOM KOLKE 96, S. 63).

Integration externer Informationen in ein Data Warehouse zur Unterstützung des Managements

Das Spektrum an Online-Datenbanken ist, sowohl auf formale als auch auf inhaltliche Kriterien bezogen, sehr vielfältig und bedarf einer Strukturierung. Eine erste Möglichkeit der Typisierung von Online-Datenbanken kann im Hinblick auf die ihnen zugrundeliegenden Modellierungstechniken und Informationstypen vorgenommen werden. Entsprechend der Abbildung 11 lassen sich Online-Datenbanken auf der obersten Ebene in faktenbasierte, textbasierte und integrierte Datenbanken differenzieren (STAUD 93, S. 19f.).

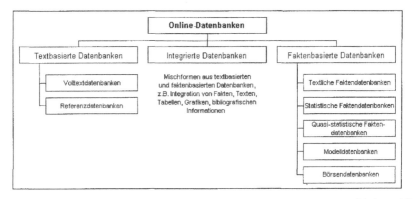

Abbildung 11: Typisierung von Online-Datenbanken nach formalen Kriterien (BEHME 92, S. 7; STAUD 93, S. 21)

Die Faktendatenbanken enthalten strukturierte Informationen, die nach einer Übernahme in ein Informationssystem des Unternehmens oftmals maschinell weiterverarbeitet werden können. Bei der Nutzung von textbasierten und integrierten Datenbanken, die weniger gut strukturierte und qualitative Informationen bereitstellen, ist dagegen eine vollständig automatisierte Aufbereitung der Rechercheergebnisse derzeit noch nicht möglich und muß daher, wenn notwendig, manuell vorgenommen werden.

Die getrennte Betrachtung, ob der Inhalt einer Datenbank für einen Nutzer Primär- oder Sekundärinformation darstellt, gestattet eine zweite Möglichkeit der Typisierung von Online-Datenbanken. Die Abbildung 12 zeigt die diesbezügliche Unterscheidung von Quellmaterial- und Referenzdatenbanken (STAUD 93, S. 21).

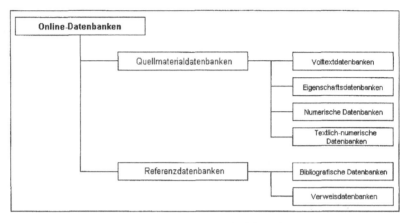

Abbildung 12: Typisierung von Online-Datenbanken nach inhaltlichen Kriterien (STAUD 93, S. 22)

Der Zugang zu Online-Datenbanken erfolgt über Kommunikationsnetze, entweder traditionell über Datex-P oder zunehmend auch über Online-Dienste und das Internet (VOM KOLKE 96, S. 41f. u. S. 100). Um in Online-Datenbanken recherchieren zu können, müssen fünf Elemente vorhanden sein: ein Personal Computer oder ein Terminal als Endgerät, ein Modem zur Daten-übertragung, die entsprechende Kommunikationssoftware sowie Verträge mit einem Kommunikationsdienstleister und einem Host. Werden alle für die Nutzung von Online-Datenbanken benötigten Dienstleistungen einbezogen, setzen sich die Recherchekosten aus zeit- oder volumenabhängigen Kommunikationskosten und den Datenbankgebühren, die wiederum aus den Anschaltkosten und den Gebühren für die nachgefragten Informationen bestehen, zusammen (VOM KOLKE 96, S. 106ff.).

4.2   Online-Dienste

Der internationale Markt für Online-Dienste verzeichnete in den vergangenen Jahren ein starkes Wachstum. Diese Entwicklung wurde maßgeblich dadurch beeinflußt, daß Online-Dienste gegenüber Online-Datenbanken ein zwar geringeres, aber deutlich kostengünstigeres Angebot an Informationen bereitstellen. Zudem werden ihre Informationsprodukte durch die schrittweise

Integration multimedialer Elemente attraktiver und vielseitiger präsentiert (KAFKA 96, S. 70). Das Informationsangebot von Online-Diensten kann zunehmend intuitiv über objektorientierte grafische Benutzeroberflächen nachgefragt werden (KIEFER 95, S. 130). Online-Dienste stellen somit vor allem für kleine und mittelständische Unternehmen eine preiswerte und ohne spezielles Erfahrungswissen nutzbare Alternative zu Online-Datenbanken dar (KAFKA 96, S. 70).

Neben dem bereits im Kapitel 4.1 erwähnten Zugang zu Online-Datenbanken bieten Online-Dienste weitere für Unternehmen interessante Informationsdienstleistungen an. Das Spektrum so verfügbarer führungsrelevanter Informationen umfaßt beispielsweise die elektronischen Ausgaben von Tageszeitungen und Fachzeitschriften, aktuelle Meldungen von Nachrichtenagenturen, Realtime-Börsenkurse, Firmenreports und Wirtschaftsanalysen (PCMAGAZIN 95, S. 10). Ein Überblick über einige für Unternehmen relevante Online-Dienste und deren Charakteristik befindet sich in Anlage 3.

Bei der Analyse der Informationsangebote von Online-Diensten und dem Internet ist festzustellen, daß eine Abgrenzung zunehmend schwerer fällt. Besonders gegenüber dem omnipräsenten World Wide Web ist ein Mehrwert kaum noch erkennbar (HACKMANN 96, S. 9). Die Betreiber von Online-Datenbanken reagieren auf diese Entwicklung, indem sie zum einen ihre proprietären auf internetfähige Technologien umstellen und zum anderen selbst als Internet-Provider auftreten (POST 96a, S. 60f.).

4.3   Internet / World Wide Web

Das Internet ist ein weltweit vernetztes Informations- und Kommunikationssystem. Seine heutige Bedeutung für die Gewinnung entscheidungsrelevanter Informationen ist noch als gering einzustufen; zukünftig jedoch wird das Internet die wohl wichtigste Quelle externer Informationen für Unternehmen darstellen. Diese Prognose läßt sich aufgrund zweier Tendenzen treffen (BEHME u. a. 96, S. 9).

Zum ersten ist das Internet durch ein exponentielles Wachstum gekennzeichnet. So ist die Zahl der an das Internet angeschlossenen Rechner von 4,8 Millionen im Januar 1995 auf 9,5 Millionen Rechner im Januar 1996 gewachsen. Die Anzahl im Internet verfügbarer World-Wide-Web-Server verdoppelt sich etwa aller 54 Tage (BEHME u. a. 96, S. 9f.). Die im Internet verfügbare Informationsmenge ist somit sehr umfangreich und umfaßt nahezu alle Wissensgebiete.

Zum zweiten weist das Internet einen starken Trend zur Kommerzialisierung auf. Schätzungen besagen, daß derzeit ungefähr 50 bis 60 Millionen Benutzer Internet-Dienste in Anspruch nehmen, die auch für professionelle Informationsdienstleister potentielle Konsumenten sind. Es ist somit zu erwarten, daß in Zukunft das gesamte Spektrum an Informationen, das bisher über Online-Datenbanken und -dienste angeboten wird, auch im Internet kostenpflichtig vermarktet wird (BEHME u. a. 96, S. 10).

Diese beiden Entwicklungen führen zwangsläufig zu einem starken Anstieg des Angebotes auch führungsrelevanter Informationen im Internet. Das Auffinden dieser Informationen wird allerdings durch eine für das Internet charakteristische Unübersichtlichkeit erschwert, denn es besitzt im Gegensatz zu anderen Informationsquellen keine zentrale Instanz, die die beschriebenen Tendenzen koordinieren könnte.

Die Erschließung des World Wide Web als Informationsquelle bedarf deshalb der Nutzung von Suchmaschinen. Einen Überblick über wichtige Suchdienste und einige der sie auszeichnenden Eigenschaften befindet sich in Anlage 4. Die derzeit vielversprechendsten Ansätze der Informationsgewinnung im World Wide Web sind Methoden der konzeptbasierten Suche, bei denen die Suchmaschine mittels computerlinguistischer Verfahren versucht, den Inhalt einer World-Wide-Web-Seite zu ermitteln. Die maschinelle Eruierung des Gehaltes natürlichsprachlicher Texte ist jedoch noch weitgehend ungelöst. Weitere Schwierigkeiten bereitet zudem die Recherche nach Grafiken, Bildern, Audio- und Videodaten, denn die Reichweite heutiger Suchdienste ist zumeist auf textbasierte Informationen beschränkt (COMPWOCHE 96a, S. 17f.). Eine Auswahl von Anbietern von im Internet verfügbaren Informationen zum Wirtschaftsgeschehen befindet sich in Anlage 5.

4.4　Sonstige Quellen externer Informationen

In den vorangegangenen Kapiteln wurden mit den Online-Datenbanken, den Online-Diensten und dem Internet allgemein zugängliche Quellen externer Informationen beschrieben. Darüber hinaus existieren weitere, für jedes Unternehmen individuell zu ermittelnde, potentielle Informationsquellen. Insbesondere dem Aufbau von strategischen Allianzen mit Lieferanten, Kunden und sogar Wettbewerbern mit dem Ziel eines effizienten Informationsaustausches kommt eine steigende Bedeutung zu (FRACKMANN 96, S. 5). Neben der operativen Abwicklung täglicher Geschäftsprozesse geht es zunehmend auch darum, die Kopplung von eigenen Rechnernetzen mit denen externer Marktpartner und den damit verbundenen Möglichkeiten des Electronic Data Interchange zur Gewinnung führungsrelevanter Informationen zu nutzen (RADERMACHER 96, S. 27). Einige weitere für das Management potentiell interessante externe Informationsquellen werden im folgenden vorgestellt.

- Handelsunternehmen:

  Die Handelsunternehmen spielen als enger Kooperationspartner in den Bereichen Marketing und Vertrieb eine entscheidende Rolle für den Erfolg eines Unternehmens. In ihren oft sehr umfangreichen Warenwirtschaftssystemen befindet sich eine Vielzahl von Daten, die Auskunft über das Kaufverhalten von Kunden, die Wirkung von Werbeaktionen usw. geben. Insbesondere die Marktdatenerfassungs- und Point-of-Sale-Systeme der Handelsunternehmen können bei entsprechenden Kooperationsverträgen eine aktuelle Quelle entscheidungsrelevanter externer Informationen sein (MEYER 94, S. 454 u. S. 461).

- Marktforschungsinstitutionen:

  Die Führungskräfte eines Unternehmens haben einen sehr großen Bedarf an Informationen über die Märkte, in denen ihr Unternehmen aktiv ist. Die Erhebung und die Auswertung von Marktdaten werden oft auf Marktforschungsinstitute ausgelagert, denn diese professionellen Dienstleister sind zumeist für eine Vielzahl verschiedener Unternehmen tätig und können somit die benötigten Informationen preisgünstiger als unternehmenseigene Abteilungen anbieten (MEYER 94, S. 454).

- Kreditkartenunternehmen:

    Die Kreditkartenunternehmen, die in der Vergangenheit nicht als Informationsanbieter in Erscheinung getreten sind, beginnen zunehmend, ihre gespeicherten Kundendaten extern zu vermarkten. Besonderes Interesse seitens der Nachfrager besteht an den aus diesen Daten ableitbaren Konsumgewohnheiten der Kreditkartenbesitzer, wodurch beispielsweise die Entwicklung sehr zielgruppenspezifischer Marketing-Strategien ermöglicht wird (COMP-WOCHE 96b, S. 7).

Eine Form der indirekten Informationsbeschaffung stellt die Nutzung eines kommerziellen Informationsvermittlers dar. Sogenannte Information Broker werden vor allem dann in Anspruch genommen, wenn Informationsbedarf besteht, aber selbst keine Informationsquelle identifiziert werden kann. Die Beauftragung eines Information Brokers ist auch zu erwägen, wenn der externe Informationsbedarf nur gering ist und sich damit die Aneignung des zur Beschaffung benötigten Wissens nicht lohnt (VOM KOLKE 96, S. 64).

4.5 Beurteilung externer Informationsquellen

Damit externe Informationsquellen hinsichtlich ihrer Eignung zur Informationsversorgung von Entscheidungsträgern im Rahmen von Management Support Systemen beurteilt werden können, muß zunächst eine Analyse der an sie gestellten Anforderungen erfolgen. Führungskräfte erledigen nur etwa ein Fünftel ihrer Aktivitäten am Schreibtisch. Die Zeit für eine direkte Computernutzung ist somit sehr beschränkt (FRACKMANN 96, S. 122f.). Informationsverarbeitende Tätigkeiten von Managern zeichnen sich zudem durch eine hohe Fragmentierung und eine sehr kurze Dauer aus. Eine Akzeptanz des eingesetzten Computersystems kann dementsprechend nur erreicht werden, wenn es intuitiv nutzbar ist und einen schnellen Zugriff auf alle relevanten Informationen gestattet (FRACKMANN 96, S. 281). Darüber hinaus verlangen viele Führungskräfte, daß keine „Holpflicht" bezüglich der benötigten Informationen besteht, sondern daß diese ihnen automatisch und unaufgefordert zur Verfügung gestellt werden (FRACKMANN 96, S. 245).

Viele externe Informationsquellen bieten jedoch nur Zugriffsmöglichkeiten, die der eben formulierten Charakteristik der Managementarbeit nicht gerecht werden. Ihre Nutzung ist zum Teil sehr zeitaufwendig und erfordert entsprechendes Erfahrungswissen. So ist beispielsweise die Recherche in Online-Datenbanken aufgrund der dafür notwendigen umfangreichen Kenntnisse die Domäne von Spezialisten (KAFKA 96, S. 72). Auch die Informationssuche im Internet ist wegen der Vielzahl verschiedener Suchmaschinen mit jeweils eigener Syntax und oftmals sehr großen Treffermengen einer Führungskraft nicht zuzumuten (COMPWOCHE 96a, S. 17). Darüber hinaus führt der Online-Zugriff auf externe Informationsquellen und die dann notwendige Datenaufbereitung zur Laufzeit häufig zu einem inakzeptablen Antwortzeitverhalten.

Bei der Analyse der zuvor diskutierten Problematik wird deutlich, daß das Management bei der Nutzung externer Informationsquellen einer Unterstützung bedarf. Allerdings wiesen traditionelle Management Support Systeme gerade in dieser Hinsicht Defizite auf. Mit dem Data-Warehouse-Ansatz ist nun ein Konzept entstanden, das den Anspruch erhebt, Daten sowohl internen als auch externen Ursprungs gleichermaßen in ein Informationssystem zu integrieren und Führungskräften entsprechend ihren Bedürfnissen als Informationen zur Verfügung zu stellen.

5   Integration externer Informationen in ein Data Warehouse

Im folgenden wird, aufbauend auf Kapitel 3 und Kapitel 4, ein Konzept zur Integration externer Informationen in ein Data Warehouse entwickelt. Den Ausgangspunkt bildet zunächst eine Analyse der betriebswirtschaftlichen Problemstellung, wobei auch auf Defizite in vielen Unternehmen bei der Nutzung von externen Informationen hingewiesen wird. Aus diesen Erkenntnissen heraus werden danach ein informationslogistisches Konzept, das den Informationswertschöpfungsprozeß aus fachlicher Sicht diskutiert, und ein Data-Warehouse-Konzept, das dessen informationstechnische Umsetzung beschreibt, entworfen. Abschließend werden die Nutzenpotentiale erörtert, die sich aus einer Integration externer Informationen in eine Data-Warehouse-Umgebung ergeben.

5.1 Betriebswirtschaftliche Problemstellung

Im Kapitel 3.5 wurde ein allgemeines Vorgehensmodell zum Aufbau eines Data Warehouse entwickelt. In seiner ersten Phase, dem „Diagnostic Scan", ist zunächst eine Ist-Analyse der Ausgangssituation im Unternehmen vorzunehmen. Im Hinblick auf die Integrationsproblematik soll deshalb im folgenden die Rolle externer Informationen im Rahmen strategischer Entscheidungsprozesse untersucht werden. Darüber hinaus wird auf Schwachstellen im derzeitigen Umgang der Unternehmen mit externen Informationen hingewiesen, um so die Notwendigkeit neuer Integrationskonzepte abzuleiten.

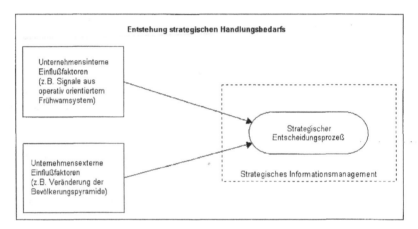

Abbildung 13: Entstehung strategischen Handlungsbedarfs (BUGGERT u. a. 94, S. 330)

Die Forderung nach einer Integration externer Informationen in das Informationssystem eines Unternehmens ergibt sich aus der in Abbildung 13 dargestellten betriebswirtschaftlichen Problemstellung.

Eine Vielzahl unternehmensinterner und -externer Einflußfaktoren induziert ständig einen strategischen Handlungsbedarf seitens des Managements. Die Führungskräfte eines Unternehmens können jedoch nur situationsadäquat handeln, wenn die Signale dieser Einflußfaktoren auch wahrgenommen und richtig interpretiert werden. In dieser Hinsicht hat das betriebliche Informationsmanagement mit der Bereitstellung entscheidungsrelevanter Informationen sowie dem Aufbau, der kontinuierlichen Weiterentwicklung und der Integration der dafür notwendigen Informations- und Kommunikationssysteme grundlegende Aufgaben zu erfüllen (BUGGERT u. a. 94, S. 330).

Bei der überwiegenden Anzahl der unternehmerischen Entscheidungen reicht es nicht aus, lediglich unternehmensinterne Daten zu berücksichtigen. In immer größerem Umfang müssen auch Informationen über die Mitbewerber, die Märkte und die politischen und sozialen Rahmenbedingungen in Bewertungen und Planungen einbezogen werden. Externen Informationen kommt im Rahmen strategischer Entscheidungsprozesse sogar eine besondere Bedeutung zu. So ergab eine in den USA erstellte Studie, daß weniger als die Hälfte der für strategische Entscheidungen benötigten Informationen aus im eigenen Unternehmen vorhandenen Daten gewonnen werden (BAUER 96, S. 46). Eine ebenfalls in den USA durchgeführte Untersuchung spricht davon, daß Topmanager zu über 95 Prozent auf der Grundlage externer Informationen entscheiden. Entsprechende externe Informationsquellen sollten deshalb frühzeitig bei der Entwicklung eines Management Support Systems berücksichtigt werden, um eine spätere Akzeptanz bei den Führungskräften zu erreichen (SAXER 96, S. 50). Die bisher ungenügende Integration externer Informationen in Management Support Systeme ist deshalb vor dem Hintergrund ihrer Bedeutung für Entscheidungsträger besonders kritisch zu bewerten.

Die aus externen Quellen gewonnenen Informationen bilden zunächst nur „Rohinformationen", die noch entsprechend der betriebswirtschaftlichen Problemstellung aufbereitet werden müssen. Hinsichtlich der Weiterverarbeitung der beschafften Informationen ist jedoch festzustellen, daß in vielen Unternehmen lediglich eine formale Aufbereitung vorgenommen wird. Die Möglichkeiten einer inhaltlichen Veredelung zur Schaffung informationeller Mehrwerte, beispielsweise in Form einer Verknüpfung von internen und externen Informationen, bleiben somit weitgehend ungenutzt (HERGET u. a. 95, S. 131f.).

Die Führungskräfte verwenden bei der Entscheidungsfindung überwiegend qualitative, komplexe, unstrukturierte und „weiche" Informationen, während Computersysteme zumeist quantitative, strukturierte und „harte" Informationen bereitstellen (FRACKMANN 96, S. 176; CHA-MONI u. a. 96, S. 52). Aus der Analyse des zur Verfügung stehenden Spektrums an externen Informationen wird jedoch deutlich, daß die Mehrzahl davon nicht quantitativer Natur ist (FRACKMANN 96, S. 76). So enthalten beispielsweise öffentlich zugängliche externe Datenbanken etwa zu 72 Prozent textuelle, zu 19 Prozent numerische und zu 9 Prozent sonstige Informationen (HERGET u. a. 95, S. 130 u. S. 138). Weil die Integration qualitativer Informationen in Management Support Systeme, wie in Kapitel 2.3 erörtert wurde, aber bisher nur sehr unzureichend gelungen ist, blieb ein Großteil der externen Informationsressourcen bisher unerschlossen.

Eine Vielzahl externer Informationen erreicht die Entscheidungsträger derzeit nicht direkt, sondern wird von Unterstützungskräften beschafft, aufbereitet und dem Management dann zur Verfügung gestellt. Bei dieser subjektiven Form der Informationsübermittlung durch dritte Personen kann, vor allem bei qualitativen Informationen durch zwangsläufig entstehende Informationsverzerrungen und -verluste, eine wertneutrale Informationsverarbeitung nicht immer gewährleistet werden (BEHME 92, S. 7; SEMEN u. a. 94, S. 39).

Weiterhin existieren in vielen Unternehmen keine Absprachen zwischen den verschiedenen in externen Informationsquellen recherchierenden Organisationseinheiten. Eine zentrale, durch eine Informationsstrategie gekennzeichnete Koordination der Beschaffung, Verwaltung und Verteilung externer Informationsressourcen findet nicht statt (HERGET u. a. 95, S. 131).

Bei der Analyse der eben beschriebenen Defizite im Umgang mit externen Informationen wird deutlich, daß in vielen Unternehmen gewaltige Verbesserungspotentiale in Bezug auf die Effektivität und die Effizienz der Informationsversorgung und -verarbeitung existieren. In dieser Situation kann die Implementierung eines Data Warehouse bei entsprechender Konzeption einen bedeutenden Beitrag zu einer verbesserten Nutzung externer Informationsressourcen leisten.

5.2 Fachliches Integrationskonzept

Entsprechend dem im Kapitel 3.5 beschriebenen Vorgehensmodell ist nach der in Kapitel 5.1 erfolgten Analyse der Problemstellung in einem zweiten Schritt, der „Overall System Vision", ein fachliches Konzept für das aufzubauende managementunterstützende System zu entwerfen. Im folgenden soll deshalb die Integration externer Informationen zunächst aus betriebswirtschaftlicher Sicht erörtert werden.

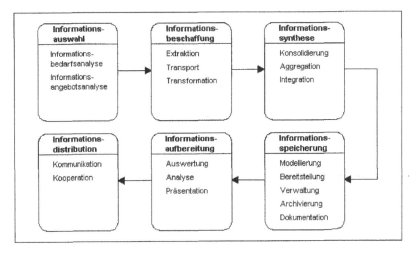

Abbildung 14: Entwicklung eines informationslogistischen Konzeptes (vgl. LOCHTE-HOLTGRE-VEN 96, S. 25; vgl. BEHME 92, S. 7)

Viele in der Vergangenheit begonnenen Data-Warehouse-Projekte zeichneten sich durch eine einseitige Fokussierung auf technische Aspekte aus (VOOGT 96, S. 68; MEUSLING 97, S. 4). Einen wesentlichen Beitrag zu einer verbesserten Informationsversorgung von Führungskräften kann ein Management Support System jedoch nur leisten, wenn es schon auf der fachlichen Ebene auf die Aufgabenstellung des Managements abgestimmt ist (FAISST 96, S. 30).

Ein Großteil der im Kapitel 5.1 formulierten Probleme im Umgang mit externen Informationen läßt sich bereits durch die Entwicklung eines informationslogistischen Konzeptes lösen, in dem alle für eine managementgerechte Informationsbereitstellung auszuführenden Funktionen detailliert festgelegt werden (BEHME 92, S. 7; BEHME 96b, S. 13). Ein solches Konzept beschreibt den in der Abbildung 14 dargestellten Informationswertschöpfungsprozeß, der die im folgenden zu diskutierenden Phasen der Informationsauswahl, -beschaffung, -synthese, -speicherung, -aufbereitung und -distribution umfaßt.

5.2.1   Informationsauswahl

Die Ermittlung des Informationsbedarfs der Führungskräfte und die daraus resultierende Auswahl von Informationsquellen bildet im Rahmen des informationslogistischen Konzeptes den Ausgangspunkt aller weiteren Betrachtungen (BEHME 92, S. 7).

Bei der Entwicklung eines Informationssystems ist zunächst zwischen einer datenorientierten und einer benutzerzentrierten Konzeption zu unterscheiden. Der datenorientierte Ansatz plädiert für ein Zurverfügungstellen aller vorhandenen Daten und bietet daher auch bei Ad-hoc-Anfragen eine hohe Flexibilität. Für ihn spricht außerdem das Argument, daß die Daten langfristig gesehen stabiler sind als der sich häufig ändernde Informationsbedarf des Managements (NUSSDORFER 96, S. 34). Eine ausschließlich datenorientierte Konzeption eines Management Support Systems ist jedoch nicht realisierbar, wenn in größerem Umfang externe Daten integriert werden sollen. Während die Menge an internen Daten noch relativ überschaubar ist, existieren potentiell entscheidungsrelevante externe Informationen in nahezu unbegrenzter Anzahl. Die Einbindung externer Daten in Informationssysteme sollte deshalb benutzerzentriert entsprechend dem derzeitigen Informationsbedarf der Entscheidungsträger, der ständig anhand zukünftiger Erfordernisse zu überprüfen ist, vorgenommen werden (DRÖMERT u. a. 95, S. 165; REISER u. a. 96, S. 120).

5.2.1.1   Informationsbedarfsanalyse

Die gezielte Feststellung des Informationsbedarfs des Managements stellt eine wichtige Voraussetzung für den Aufbau eines Management Support Systems dar, denn eine unzureichende Berücksichtigung führt häufig zu Akzeptanzproblemen und ist einer der wesentlichen Gründe für das Scheitern früherer Management-Support-System-Projekte (KIRCHNER 96, S. 273).

Bei der Nachfrage von Informationen durch Führungskräfte ist zwischen einem objektiven Informationsbedarf und einem subjektiven Informationsbedürfnis zu differenzieren. Es muß bereits im Fachkonzept eines zu entwickelnden Management Support Systems sichergestellt werden, daß das Management keine für eine zu treffende unternehmerische Entscheidung betriebswirtschaftlich unzweckmäßigen externen Informationen anfordern kann und so unnötige Kosten verursacht (BUGGERT u. a. 94, S. 332).

Im Rahmen einer Informationsbedarfsanalyse sind deshalb die Informationen festzustellen, die das Management zur Unternehmensführung wirklich benötigt. Um einer Informationsüberflutung der Führungskräfte vorzubeugen, sollte dabei eine Konzentration auf wenige, strategisch bedeutsame externe Informationen erfolgen (FRACKMANN 96, S. 114f.).

Als der am besten geeignete Ansatz, eine Verbindung zwischen den strategischen Schlüsselfeldern des Unternehmens und dem Informationsbedarf des Managements herzustellen, hat sich die Ermittlung der sogenannten „Kritischen Erfolgsfaktoren" erwiesen. Durch dieses Vorgehen können die jeweiligen Geschäftsziele mit den Anforderungen an das zu entwickelnde Informationssystem hinsichtlich der Informationsbereitstellung synchronisiert werden (TIEMEYER 96b, S. 45).

Die Ermittlung der kritischen Erfolgsfaktoren dient einer Identifikation der Faktoren, die die Konkurrenzfähigkeit des Unternehmens nachhaltig beeinflussen. Sie ergeben sich aus der spezifischen Situation des Unternehmens im Wettbewerb, der strukturellen, konjunkturellen und technologischen Entwicklung, dem Verhalten von Kunden, Mitbewerbern und Märkten sowie den daraus resultierenden grundsätzlichen Zielen des Managements (FRACKMANN 96,

S. 115; BUSCHMANN 92, S. 387). Kritische Erfolgsfaktoren, die einen Bedarf nach externen Informationen erzeugen, sind beispielsweise (KORNBLUM 94, S. 78 u. S. 86):

- die langfristige Sicherstellung der Konkurrenzfähigkeit des Unternehmens,
- eine hohe Flexibilität, Schnelligkeit und Sensitivität gegenüber den Signalen des Marktes,
- die Schaffung einer Balance zwischen Agieren und Reagieren im Wettbewerbsumfeld,
- das frühzeitige Erkennen von Chancen und Risiken,
- eine Entwicklung einer Strategie der Differenzierung und Innovation,
- die konsequente Orientierung am Kundennutzen und
- eine Antizipation der Bedürfnisse und Erwartungen der Kunden.

Aus diesen Zielstellungen heraus ergibt sich die Notwendigkeit einer Beobachtung bestimmter Bereiche der Unternehmensumwelt. Marktberichte, aktuelle Börsenkurse, Pressemeldungen und Auskünfte über Kunden, Lieferanten, Mitbewerber, neue Technologien und erteilte Patente sind typische Beispiele für externe Informationen, die Führungskräfte zur Unternehmenssteuerung benötigen (ÖSTERLE u. a. 94a, S. 55; SEMEN u. a. 94, S. 49).

Auf der Grundlage des ermittelten Informationsbedarfs sind dann im Rahmen der Informations-auswahl Untersuchungen des zur Verfügung stehenden Informationsangebotes vorzunehmen (BISCHOFF 95, S. 59).

5.2.1.2 Informationsangebotsanalyse

Dem erörterten Informationsbedarf steht auf dem Informationsmarkt ein überaus großes Infor-mationsangebot gegenüber (BEHME 92, S. 7). Im Kapitel 4 wurden bereits die wichtigsten Quellen externer Informationen detailliert untersucht.

Insbesondere die Online-Datenbanken sind wegen ihres umfangreichen Angebotes, ihrer leicht automatisierbaren Zugriffsverfahren und der Möglichkeit einer effizienten elektronischen Wei-terverarbeitung der Rechercheergebnisse gut als externe Informationsquellen eines Manage-ment Support Systems geeignet (HERGET u. a. 95, S. 134). Einen Überblick über das Spektrum an über Online-Datenbanken verfügbaren Wirtschaftsinformationen gibt die Abbildung 15.

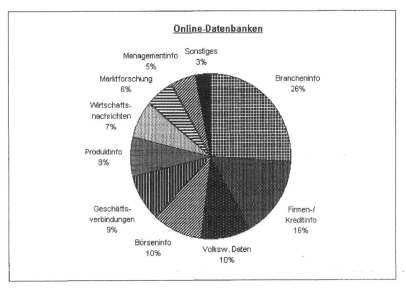

Abbildung 15: Spektrum an über Online-Datenbanken angebotenen Wirtschaftsinformationen (HEINZEL-BECKER 95, Sp. 421)

Die Auswahl relevanter Online-Datenbanken kann über regelmäßig erscheinende gedruckte Datenbankverzeichnisse, wie beispielsweise das „Cuadra Directory of Online-Databases" oder das „Handbuch der Wirtschaftsdatenbanken" vorgenommen werden (VOM KOLKE 96, S. 83).

Ein Überblick über das umfangreiche Informationsangebot im Internet ist wegen der es auszeichnenden Unübersichtlichkeit nur schwer zu gewinnen. Es existieren zwar auch für das Internet Adreß- und Inhaltsverzeichnisse, aber durch das explorative Wachstum muß deren Aktualität stark bezweifelt werden. Deshalb sollte eine Identifikation entscheidungsrelevanter Informationen im Internet nur schrittweise, wie in Kapitel 4.3 erörtert, durch gezielte Anfragen an eine Suchmaschine erfolgen.

Das Angebot anderer externer Informationsquellen, beispielsweise von Online-Diensten, Kredit- und Marktforschungsinstituten, ist weniger umfangreich und kann durch das direkte Kontaktieren der entsprechenden Dienstleister in Erfahrung gebracht werden.

Die überwiegende Anzahl von externen Informationen wird von kommerziellen Dienstleistern angeboten. Ihre Beschaffung kann daher mit zum Teil sehr hohem finanziellen Aufwand verbunden sein. Deshalb sollten während der Informationsauswahl auch entsprechende Kosten-Nutzen-Überlegungen angestellt werden (BUGGERT u. a. 94, S. 339).

Nach der Auswahl der Informationsquellen sind als Bestandteil der Informationsangebotsanalyse weiterhin detaillierte Untersuchungen der dort verfügbaren Daten vorzunehmen. Insbesondere müssen die Form und die Semantik der Daten dokumentiert werden, um die im informationslogistischen Konzept nachfolgenden Funktionen der Informationsbeschaffung und -synthese zu unterstützen (MEITH 96, S. 28).

5.2.2 Informationsbeschaffung

Die wesentlichen im Rahmen der Informationsbeschaffung zu lösenden Aufgaben sind die effiziente Selektion entscheidungsrelevanter extern gespeicherter Daten und ihre betriebswirtschaftliche Transformation entsprechend dem fachbezogenen Datenmodell des Management Support Systems (VOM KOLKE 96, S. 1; MARTIN 96b, S. 18).

Die Beschaffung externer Informationen kann sowohl nach dem Bring- als auch nach dem Hol-Prinzip erfolgen. Bei der erstgenannten Strategie versorgt ein Informationsanbieter das Unternehmen auf der Grundlage vereinbarter Konditionen. Ein Beispiel für derartige Abonnementverträge ist die in Kapitel 4.1 vorgestellte Host-Dienstleistung SDI. Die automatische Bereitstellung nach dem Bring-Prinzip eignet sich besonders, wenn Führungskräfte unmittelbar über Veränderungen informiert werden müssen oder wenn zeitkritische, schnell alternde Daten in Informationssysteme des Unternehmens übernommen werden sollen. Im Gegensatz zum Bring-Prinzip wird beim Hol-Prinzip die Informationsbeschaffung über eine Anfrage an die externe Quelle realisiert. Dieses Vorgehen hat den Vorteil, daß kein der Informationssynthese vorgelagertes Puffern von Informationen notwendig ist und somit die Datenbestände minimiert werden. Allerdings trägt der Nutzer beim Hol-Prinzip eine wesentliche Mitverantwortung bezüglich der Gewährleistung von Aktualität und Qualität der externen Informationen, was die Entwicklung geeigneter Recherchestrategien erfordert (SPECHT u. a. 95, S. 65).

Im Kapitel 5.1 wurde auf organisatorische Defizite vieler Unternehmen bei der Nutzung externer Informationsressourcen hingewiesen. Aus den diesbezüglich aufgetretenen Problemen läßt sich die Forderung nach der Einrichtung einer zumindest logisch zentralisierten Instanz ableiten, über die alle externen Informationen beschafft werden. Die Beschränkung dezentraler Zugriffsmöglichkeiten dient vor allem einer Vermeidung von Doppelrecherchen und verhindert somit das Entstehen unnötiger Informationsbeschaffungskosten (STAUDT u. a. 91, S. 16; MUCKSCH 96, S. 103).

Ein bei der externen Informationsbeschaffung nicht zu vernachlässigender Aspekt ist die Berücksichtigung der rechtlichen Rahmenbedingungen (WENDELN-MÜNCHOW 95, S. 45). In diesem Zusammenhang ist vor allem sicherzustellen, daß bei der Beschaffung und Weiterverarbeitung externer Informationen keine Urheberrechte verletzt werden (HERGET u. a. 95, S. 134).

Darüber hinaus sind im Bereich der Informationsbeschaffung verschiedene Transformationsprozesse zu konzipieren, denn nur eine einheitliche Strukturierung und Formatierung der Daten nach inhaltlichen und formalen Regeln kann gewährleisten, daß interne und externe Daten bei der späteren Informationssynthese gleichermaßen nutzbar sind (HAARMANN 95, S. 24).

5.2.3   Informationssynthese

Nach ihrer Beschaffung müssen die internen und externen Daten nach betriebswirtschaftlichen Kriterien zusammengeführt und zu entscheidungsunterstützenden Informationen geformt werden (VON DER LÜHE 96, S. 52). Diese Funktion übernimmt im entwickelten informationslogistischen Konzept die Informationssynthese. Wesentliche, zu diskutierende Teilaufgaben der

Informationssynthese sind die Konsolidierung, die Aggregation und die Integration interner und externer Informationen.

5.2.3.1 Konsolidierung

Die internen und externen Daten zu konsolidieren bedeutet, Inkonsistenzen zwischen ihnen zu beseitigen und eventuelle Fehler zu rekonstruieren. Beispielsweise sind im Rahmen der Konsolidierung zu integrierender externer Daten deren Währungs- und Maßeinheiten entsprechend unternehmensinterner Festlegungen umzurechnen, um eine einheitliche Betrachtungsgrundlage zu schaffen (SCHREMPF 95, S. 30).

5.2.3.2 Aggregation

Das Management verschiedener Hierarchiestufen benötigt in aller Regel Informationen in unterschiedlicher Verdichtung. Wie die Abbildung 16 verdeutlicht, wächst der Aggregationsgrad, in dem die Informationen zur Verfügung gestellt werden müssen, mit steigender Verantwortung der jeweiligen Führungskraft (BEHME u. a. 96, S. 19f.).

Bei der Festlegung der einzelnen Verdichtungsstufen ist jedoch zu berücksichtigen, daß der Grenznutzen jeder zusätzlich verfügbaren Informationsebene überproportional sinkt, während die dafür aufzuwendenden Grenzkosten überproportional steigen (FAISST 96, S. 31).

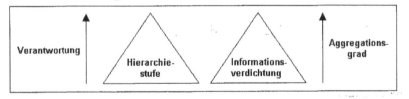

Abbildung 16: Informationsverdichtung entsprechend der betrieblichen Hierarchie (BEHME u. a. 96, S. 20)

Die Generierung von Kennzahlen ist die am häufigsten angewandte Form der Informationsverdichtung, denn durch sie läßt sich die Komplexität der ökonomischen Realität stark reduzieren. Um eine inadäquate Interpretation zu vermeiden oder bereichsübergreifende Zusammenhänge zu erkennen, werden Einzelkennzahlen oft in Kennzahlensystemen zusammengefaßt (BUGGERT u. a. 94, S. 338).

Bei der überwiegenden Anzahl von Management Support Systemen wird bei quantitativen Informationen nur mit Durchschnitts- oder Summenwerten gearbeitet. Diese Informationsverdichtung kann aufgrund großer Datenmengen sehr umfangreich sein und sollte deshalb bereits während der Integration in das Informationssystem vorgenommen werden (BISCHOFF 95, S. 60).

Darüber hinaus kann die Datenbasis eines Management Support Systems durch Aggregationen wesentlich verkleinert werden. Allerdings ist dabei zu beachten, daß durch Verdichtungen keine ungewollten Informationsverluste entstehen (HAARMANN 95, S. 25).

Viele unternehmensextern gewonnenen Informationen lassen sich jedoch wegen ihres qualitativen Charakters nicht aggregieren und können demzufolge nur als atomistische Datenelemente weiterverarbeitet werden (MUCKSCH 96, S. 96).

5.2.3.3 Integration

Grundsätzlich sind aus betriebswirtschaftlicher Sicht drei Stufen der Integration externer Informationen in ein Management Support System zu unterscheiden (KORNBLUM 94, S. 88):

1) die allgemeine Verfügbarmachung externer Informationen,

2) die vergleichende Gegenüberstellung interner und externer Informationen und

3) die Verknüpfung interner und externer Informationen zur Schaffung informationeller Mehrwerte.

Bei der ersten Integrationsstufe ist nur die Übernahme externer Informationen in ein Management Support System zu realisieren. Eine inhaltliche Aufbereitung ist entweder nicht erforderlich oder es stehen, wie beispielsweise bei einer Reihe von qualitativen externen Informationen, derzeit keine dafür geeigneten Verfahren bereit.

Die zweite Integrationsstufe trägt dem Aspekt Rechnung, daß viele auf der Grundlage unternehmenseigener Daten erstellte Auswertungen und Analysen erst durch einen Vergleich mit den entsprechenden externen Informationen eine signifikante Bedeutung für einen Entscheidungsträger erlangen (MUCKSCH 96, S. 103; CHRIST 96, S. 308).

Auf der fachlichen Ebene muß für Vergleiche neben eventuell notwendigen Konsolidierungen und Verdichtungen eine Synchronisation der internen und externen Begrifflichkeiten vorgenommen werden, um semantische Inkonsistenzen in Form von Synonymen und Homonymen, die zwischen internen und externen Daten auftreten können, zu beseitigen (GIERSCH 96, S. 42; MUCKSCH 96, S. 89).

Ein Beispiel für eine Gegenüberstellung interner und externer Informationen ist das betriebswirtschaftliche Konzept des Benchmarking, bei dem eigene Produkte, Dienstleistungen, Verfahren, Prozesse und Kennzahlen mit denen von Wettbewerbern verglichen werden, um Verbesserungspotentiale im Unternehmen zu erkennen (ÖSTERLE u. a. 96, S. 325).

Die dritte Integrationsstufe liefert mit der Verknüpfung von internen und externen Daten und dem daraus entstehenden analytischen Mehrwert den höchsten Informationsgrad im Rahmen managementunterstützender Systeme (HAARMANN 95, S. 25; KOSCHLIG 96, S. C814.04).

Im Kapitel 5.1 wurde die bisher unzureichende Synthese interner und externer Daten bei der Informationsverarbeitung in vielen Unternehmen angesprochen. Das ist zum Großteil auf das Fehlen entsprechender betriebswirtschaftlicher Modelle und Szenarien zurückzuführen. Beispielsweise existieren, von wenigen Ausnahmen (vgl. ALBERS 92, S. 199ff.) abgesehen, kaum Kennzahlensysteme, die sowohl intern als auch extern gewonnene Informationen verknüpfen.

Demzufolge müssen auf diesem Gebiet verstärkte Forschungsanstrengungen unternommen werden, denn erst durch die Kombination beider Informationsarten können komplexe Simulationen von Wechselwirkungen zwischen dem Unternehmen und seiner Umwelt erfolgen (COMPWOCHE 96c, S. 5).

Darüber hinaus wurde im Kapitel 5.1 auf die mangelnde Berücksichtigung von qualitativen Informationen in Management Support Systemen hingewiesen. Während die Realisierung der ersten und zum Teil auch der zweiten Integrationsstufe zunehmend unproblematisch geworden ist, müssen in naher Zukunft auch Methoden für die Verknüpfung „weicher" interner und externer Informationen gefunden werden (POST 96b, S. 69). Auch in diesem Bereich ist demzufolge noch Forschungsbedarf zu konstatieren.

Die systematische Aufbereitung von Informationen zeichnet sich durch eine sehr hohe Komplexität aus, denn es werden eine Vielzahl betriebswirtschaftlicher, statistischer und mathematischer Verfahren eingesetzt. Um einen ständigen Überblick über alle genutzten Instrumentarien zu ermöglichen, wird die Einrichtung spezieller Modell- und Methodenbanken empfohlen, in denen das zur Informationssynthese erforderliche Fachwissen abgelegt wird (FRACKMANN 96, S. 1; CHAMONI u. a. 96, S. 54).

5.2.4   Informationsspeicherung

Im informationslogistischen Konzept übernimmt die Informationsspeicherung auf der Basis eines zu entwickelnden Datenmodells die Funktionen der Bereitstellung, der Verwaltung, der Dokumentation und der Archivierung von entscheidungsrelevanten Informationen.

5.2.4.1   Datenmodellierung

Zu Beginn aller Überlegungen bezüglich der Informationsspeicherung ist die Frage zu beantworten, welche Informationsstrukturen sich in der Datenbasis des Management Support Systems widerspiegeln sollen (TIEMEYER 96a, S. 56). Es muß zunächst ein Datenmodell geschaffen werden, das die fachliche Sicht der Anwender auf die Datenobjekte und ihre Beziehungen untereinander formal beschreibt (SCHEER 95, S. 31; FRACKMANN 96, S. 113).

Die gebräuchlichste Methode, die Datensicht eines Informationssystems in einem Fachkonzept abzubilden, ist die Entwicklung eines Entity-Relationship-Modells (ERM) (SCHEER 95, S. 31). Der Entwurf eines solchen Modells kann dabei unter Nutzung spezieller Modellierungswerkzeuge vorgenommen werden (TIEMEYER 96a, S. 56).

In den Kapiteln 3.1 und 3.2 wurde bereits auf die Unterschiede zwischen den Datenmodellen von operativen und managementunterstützenden Systemen hingewiesen. Aus der Notwendigkeit einer Integration externer Daten ergeben sich weitere spezifische Anforderungen an das Datenmodell eines Management Support Systems.

Die entscheidungsrelevanten Daten eines Management Support Systems stammen aus einer Vielzahl interner und externer Quellen, was zum Auftreten unterschiedlichster mehrdimensionaler und flacher Datenstrukturen sowie unstrukturierter Daten führt. Es muß folglich ein Datenmodell entwickelt werden, das die differierende Umweltsemantik der Daten adäquat abbildet (OHLENDORF 96, S. 207).

Heute stellt die Speicherung entsprechend dem relationalen Datenmodell sowohl für die operativen als auch die managementunterstützenden Systeme die am weitesten verbreitete Art der Datenhaltung dar, denn die Daten werden tabellarisch und somit in einer auch für den Nichtfachmann intuitiv verständlichen Form abgelegt (HERZOG u. a. 95, S. 4). Seit einiger Zeit werden in Management Support Systemen zusätzlich zu relationalen die in Kapitel 3.3.1 diskutierten mehrdimensionalen Datenstrukturen eingesetzt, um dem häufig multidimensionalen Charakter des Informationsbedarfs von Führungskräften Rechnung zu tragen (HOLTHUIS 96, S. 167f.).

Diese beiden Möglichkeiten der Datenbereitstellung sind jedoch lediglich für stark strukturierte und quantitative Informationen geeignet. Zwar können in diese Modelle auch die überwiegend qualitativen, unstrukturierten und komplexen Datentypen externer Informationen integriert werden, aber viele deren spezifischer Eigenschaften bleiben dabei unberücksichtigt. So können beispielsweise im relationalen Modell Dokumente, die Texte, Grafiken, Bilder, Audio-, Videosequenzen und Kombinationen davon enthalten, zwar durch entsprechende Entitäten repräsentiert werden, aber eine Referenzierung auf ihren Inhalt ist nicht möglich (HERZOG u. a. 95, S. 6). Auch die Grenzen des multidimensionalen Datenmodells liegen in der adäquaten Integration textueller und multimedialer Informationen (JAHNKE u. a. 96, S. 323).

Der Entwurf eines objektorientierten Datenmodells ist eine alternative Art der Darstellung betriebswirtschaftlicher Sachverhalte, die vor allem der Charakteristik vieler externer Informationen besser entspricht. Das Wesen der Objektorientierung besteht darin, Daten und darauf anwendbare Methoden nicht strikt getrennt zu behandeln, sondern sie modular zu Objekten und zu Objekthierarchien zusammenzufassen. Bezüglich der Integration externer Informationen besitzen objektorientierte Datenmodelle gegenüber relationalen und multidimensionalen Datenmodellen den Vorteil, daß auch komplex strukturierte Datentypen und dazugehörige spezifische Prozeduren definiert werden können. Die Abbildung von Daten in Tabellenform ist dann nur noch eine von vielen Repräsentationsmöglichkeiten von betriebswirtschaftlichen Zusammenhängen (HERZOG u. a. 95, S. 4).

Schlußfolgernd ist festzustellen, daß die Wahl des Datenmodells in Abhängigkeit von der Charakteristik der auftretenden Daten erfolgen sollte. Besteht die Notwendigkeit einer adäquaten Integration auch unstrukturierter oder komplex strukturierter externer Informationen, ist das objektorientierte dem relationalen Datenmodell vorzuziehen. Allerdings muß darauf hingewiesen werden, daß durch informationstechnische Erfordernisse beim späteren Entwurf des DV-Konzeptes oftmals Modifikationen am Datenmodell vorgenommen werden müssen.

Zum Zeitpunkt der Datenmodellierung kann nur der aktuelle und der zukünftig absehbare Informationsbedarf des Managements berücksichtigt werden. Deshalb muß das entwickelte Datenmodell kontinuierlich überprüft und ständig an neue Anforderungen angepaßt werden (MUCKSCH 96, S. 116).

5.2.4.2   Bereitstellung, Verwaltung und Archivierung

Nach dem Entwurf des Datenmodells sind Mechanismen für die Bereitstellung, Verwaltung und Archivierung der Daten zu entwickeln.

Während die Integration bereits im Bereich der Informationssynthese vorgenommen wurde, sind den internen und externen Informationen im Rahmen der Informationsspeicherung mit der Sachbezogenheit, dem Zeitraumbezug und der Nichtvolatilität weitere charakteristische Eigenschaften, die sie in modernen Management Support Systemen aufweisen sollten, hinzuzufügen.

Die Sachbezogenheit externer Informationen kann durch ihre thematische Einordnung in die Datenbasis realisiert werden (KOSCHLIG 95, S. 27). Die Herstellung des Zeitraumbezugs wird sowohl bei internen als auch bei externen Informationen durch die Protokollierung der Zeit als Bezugsgröße ermöglicht (MUCKSCH 96, S. 103). Durch das dauerhafte Speichern wird auch bei externen Informationen deren Nichtvolatilität sichergestellt.

Darüber hinaus sind von der Datenhaltung weitere funktionale Anforderungen zu erfüllen. Durch die Konzeption einer physisch oder zumindest logisch zentralisierten Bereitstellung der unternehmensextern beschafften Daten (bzw. der Ergebnisse der während der Informationssynthese an ihnen durchgeführten Konsolidierungs-, Aggregations- und Integrationsprozesse) muß gewährleistet werden, daß alle Entscheidungsträger auf die gleiche Datenbasis zugreifen (MUCKSCH 96, S. 103). Die Daten sind den Führungskräften möglichst transparent zur Verfügung zu stellen, so daß sie unabhängig von ihrer Struktur analysiert werden können (SCHREMPF 95, S. 30). Zusätzlich ist darauf zu achten, daß alle betriebswirtschaftlichen Sachverhalte anwendungsneutral in der Datenbasis abgelegt werden, um später eine hohe Auswertungsflexibilität zu ermöglichen und eine dynamische Anpassung an sich ändernde Informationsbedarfe des Managements zu gestatten (OHLENDORF 96, S. 207).

Durch die Konzeption von geeigneten Verwaltungsfunktionen sind die Entscheidungsträger bei der Selektion und dem gezielten Zugriff auf die gespeicherten Informationen zu unterstützen (FRACKMANN 96, S. 3f.). Wenn die betriebswirtschaftliche Relevanz nicht mehr gegeben ist, sollten überflüssig gewordene Daten aus der Datenbasis entfernt und ältere Daten mit gesunkener Priorität archiviert werden (SCHREMPF 95, S. 31).

5.2.4.3 Dokumentation

Im Rahmen der Informationsspeicherung sollte außerdem eine Dokumentation des gesamten Informationswertschöpfungsprozesses vorgenommen werden, denn alle eingesetzten betriebswirtschaftlichen Methoden und Verfahren sowie das entworfene Datenmodell müssen in einer dem Anwender verständlichen Form abgelegt werden, um die Transparenz des entwickelten informationslogistischen Konzeptes zu sichern.

5.2.5 Informationsaufbereitung

Im Bereich der Informationsaufbereitung sind Überlegungen anzustellen, welche Auswertungs-, Analyse- und Präsentationsmöglichkeiten benötigt werden und wie diese managementgerecht gestaltet werden können. Die Informationsaufbereitung greift dabei die Ergebnisse der Informationssynthese, an die sie aus betriebswirtschaftlicher Sicht eng gekoppelt ist, auf.

Die Erstellung von Standard-, Ad-hoc- und Ausnahmeberichten, das Generieren von Ausnahmemeldungen, die Frühsignalerkennung sowie Möglichkeiten zur Durchführung von Simulationen und Prognoserechnungen sind wichtige, von Entscheidungsträgern geforderte Auswertungs- und Analysefunktionen, die sowohl interne als auch externe Informationen einbeziehen (HANNIG 96, S. 42).

Traditionell werden den Führungskräften von Management Support Systemen vorgefilterte, aggregierte und vorformatierte Standardberichte angeboten. Diese vorgefertigten Reports sind jedoch, wie bereits in Kapitel 2.3 beschrieben, häufig zu inflexibel ausgelegt. Dementsprechend muß das Management Support System auf der Ebene der Informationsaufbereitung so konzipiert werden, daß eine von Entscheidungsträgern selbst planbare und im Moment des Zugriffs selbst wählbare individuelle Selektion, Filterung und Aggregation von internen und externen Informationen vorgenommen werden kann (FRACKMANN 96, S. 49).

Die Informationsaufbereitung sollte in Verbindung mit der Informationssynthese bei der Überwachung des Unternehmens und seiner Umwelt auch Aufgaben hinsichtlich der Abweichungs- und der Früherkennung erfüllen (FRACKMANN 96, S. 49). Es müssen betriebswirtschaftliche Situationen, die sich beispielsweise in Form bestimmter Kennzahlenkonstellationen widerspiegeln, definiert werden, auf die das Management Support System nach deren Eintreten aktiv im Sinne eines Exception Reporting hinweist (TIEMEYER 96b, S. 44).

Weiterhin sind analytische Modelle und Methoden auszuwählen oder zu entwerfen, mit deren Hilfe Führungskräfte Simulationen und Prognosen durchführen können (STEINBOCK 94, S. 159). Simulationen gestatten Entscheidungsträgern die Beurteilung einer betriebswirtschaftlichen Situation unter variierbaren Annahmen, während Prognoseverfahren einen Blick auf zukünftig zu erwartende Entwicklungen ermöglichen (STEINBOCK 94, S. 159; FRACK-MANN 96, S. 278f.).

Die ergonomische Darstellung der internen und externen Informationen ist ebenfalls eine im Rahmen der Informationsaufbereitung zu lösende Aufgabe. Durch die Verwendung von Wirtschaftsgrafiken, wie Diagrammen, Tabellen und Matrizen, lassen sich vor allem quantitative Zusammenhänge schnell und einprägsam verdeutlichen (BEHME 92, S. 7). Für den hohen Anteil an qualitativen externen Informationen existieren kaum derartige vereinfachende visuelle Präsentationsmöglichkeiten; sie müssen zumeist in ihrer ursprünglichen Form verbleiben.

Um die Überflutung des Managements mit textuellen Informationen zu verringern, sollte allerdings ein Abstracting vorgenommen werden, um so der betroffenen Führungskraft eine vorherige Relevanzbeurteilung zu ermöglichen (NELKOWSKI 96, S. 36).

Darüber hinaus können externe und interne Informationen, die semantische Beziehungen untereinander aufweisen, durch Hypertext- bzw. Hypermediastrukturen verknüpft werden, um somit einem Entscheidungsträger die Navigation durch entscheidungsrelevante Informationen entlang festzulegender Assoziationsketten zu gestatten (FRACKMANN 96, S. 203ff.).

5.2.6 Informationsdistribution

Im Rahmen des informationslogistischen Konzeptes trägt die Informationsdistribution der Forderung nach einer transparenteren Gestaltung von Entscheidungsprozessen Rechnung (HOLLMANN 96a, S. 46). Das Ziel ist die Überwindung der isolierten Managementunterstützung und die Entwicklung einer vernetzten Organisation. Der zunehmende Einsatz von Kommunikationssystemen führt zu einem schrittweisen Abbau innerorganisatorischer Abgrenzungen und ermöglicht einen optimierten Informationsfluß im Unternehmen (FRACKMANN 96, S. 4f.).

Durch die Publikation der Auswertungs- und Analyseergebnisse im Unternehmen können Abläufe beschleunigt und die Basis für Entscheidungen verbreitert werden. Die Beteiligung an der Entscheidungsfindung steigert die Mitarbeitermotivation, weil auch untergeordnete Managementebenen im Unternehmen mehr Verantwortung übertragen bekommen (MARTIN 96a, S. 41f.; HOLLMANN 96a, S. 46).

In den Kapiteln 4.1, 5.2.3 und 5.2.5 wurde auf Schwierigkeiten bei der vollständigen maschinellen Weiterverarbeitung von unstrukturierten und komplex strukturierten sowie qualitativen Informationen hingewiesen. In diesem Bereich kann das menschliche Leistungsvermögen bisher nur sehr ungenügend in Computersystemen nachgebildet und ersetzt werden. Die Führungskräfte eines Unternehmens sind deshalb auch zukünftig auf die Hilfe von Assistenten angewiesen. Vor diesem Hintergrund kommt der Kommunikations- und Kooperationsfähigkeit von Management und Unterstützungskräften ebenfalls eine hohe Bedeutung zu (FRACK-MANN 96, S. 206).

Um das Weiterleiten von Führungsinformationen zu unterstützen, sollten die dafür notwendigen Kommunikationsfunktionen in die individuelle Arbeitsumgebung eines Managers integriert werden (ÖSTERLE u. a. 94b, S. 31).

5.3 Möglichkeiten der technischen Realisierung

In Anwendung des im Kapitel 3.5 erörterten Vorgehensmodells sind nach der in der Phase „Overall System Vision" vorgenommenen Entwicklung eines fachlichen Konzeptes in der anschließenden Stufe „System Architecture" die Komponenten des geplanten Management Support Systems und ihr Zusammenwirken zu entwerfen. Das so entstehende DV-Konzept hat dabei die Aufgabe, das zuvor formulierte betriebswirtschaftliche Konzept in die Begriffswelt und in die Kategorien der Informationstechnik zu übertragen (SCHEER 95, S. 15).

Aus der Problemstellung, externe Informationen in ein Data Warehouse zu integrieren, ergibt sich die Notwendigkeit, das in Kapitel 5.2 formulierte informationslogistische Konzept in ein Data-Warehouse-Konzept umzusetzen. Welche betriebswirtschaftlichen Funktionen dabei von den in Kapitel 3.3 beschriebenen Data-Warehouse-Komponenten übernommen werden, zeigt die Tabelle 2.

Informations-funktion	Extraktions- und Trans-formations-werkzeuge	Datenbasis	Archivie-rungssystem	Auswer-tungs- und Analyse-werkzeuge	Metadaten-banksystem
Informationsauswahl					•
Informationsbeschaffung	•				•
Informationssynthese	•				•
Informationsspeicherung		•	•		•
Informationsaufbereitung				•	•
Informationsdistribution				•	•

Tabelle 2: Informationsfunktionen der Data-Warehouse-Komponenten (vgl. KIRCHNER 96, S. 284)

Grundlegend erscheint es nur sinnvoll, die externen Informationen in ein Data Warehouse zu integrieren, die ohnehin elektronisch verfügbar sind und deren Aktualität sich häufig ändert (FRACKMANN 96, S. 258).

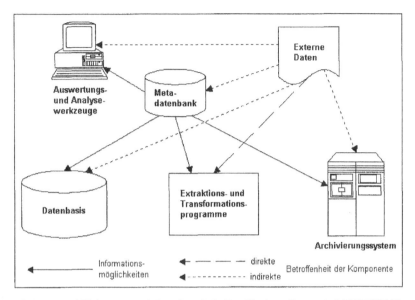

Abbildung 17: Einbindung externer Informationen in das Data-Warehouse-Konzept (vgl. MUCKSCH 96, S. 103)

Die Einbindung externer Informationen in das Data-Warehouse-Konzept ist in der Abbildung 17 dargestellt. Die Extraktions- und Transformationsprogramme müssen die Daten aus den unternehmensexternen Quellen übernehmen und sind deshalb unmittelbar betroffen. An die Datenbasis, die Metadatenbank, das Archivierungssystem und die Auswertungs- und Analysewerkzeuge ergeben sich indirekt, bedingt durch die Charakteristik externer Informationen, ebenfalls neue Anforderungen. Über die Funktionen, die die einzelnen Data-Warehouse-Komponenten im Rahmen des Integrationsprozesses erfüllen, kann sich ein Anwender mit Hilfe des Metadatenbanksystems informieren.

Auf der Grundlage des in Kapitel 3 diskutierten Data-Warehouse-Konzeptes sollen im folgenden die spezifischen Anforderungen, die die Integration externer Informationen an die Data-Warehouse-Komponenten stellt, untersucht werden. Darüber hinaus wird die Frage beantwortet, welche Organisationsformen eines Data Warehouse die Einbindung externer Informationen unterstützen.

5.3.1   Anforderungen an die Data-Warehouse-Komponenten

5.3.1.1   Extraktions- und Transformationswerkzeuge

Die Funktionalität der Extraktions- und Transformationswerkzeuge wurde bereits im Kapitel 3.3.2 detailliert beschrieben. Aus dem fachlichen Integrationskonzept übernehmen sie entsprechend der Tabelle 2 in Kapitel 5.3 die Aufgaben der Informationsbeschaffung und -synthese, das heißt, sie selektieren, transformieren, konsolidieren, aggregieren und integrieren entscheidungsrelevante interne und externe Informationen aus definierten Quellen unter den in den Kapiteln 5.2.2 und 5.2.3 diskutierten betriebswirtschaftlichen Gesichtspunkten (HANSEN 96, S. 442). Ein diesen Sachverhalt darstellendes Szenario, in dem Extraktions- und Transformationsprogramme Informationen aus internen Datenbanken und von externen Dienstleistern akquirieren und nach verschiedenen Umwandlungsprozessen themenorientiert in ausgewählten Data Marts ablegen, zeigt die Abbildung 18.

Im zu entwickelnden Data-Warehouse-Konzept ist zusätzlich eine Reihe von informationstechnischen Aspekten zu berücksichtigen. So ist eine DV-Infrastruktur zu entwerfen, die eine wirtschaftliche Kopplung von Datenquellen und Data-Warehouse-Datenbasis ermöglicht (DRÖMERT u. a. 95, S. 166). Weiterhin müssen die betriebswirtschaftlichen Transformationsregeln um technische Transformationsregeln ergänzt werden, mit Hilfe derer die in relationalen, hierarchischen und netzwerkartigen Datenbanken sowie in verschiedenen Dateisystemen gespeicherten Quelldaten in eine einheitliche Zielumgebung portiert werden können (BEHME 96a, S. 32; KIRCHNER 96, S. 287). Die Extraktions- und Transformationsprozesse können perioden- oder ereignisgesteuert angestoßen werden, beispielsweise dann, wenn ein Quartal abgelaufen ist oder eine Datenquelle aktualisiert wurde (HANSEN 96, S. 442f.).

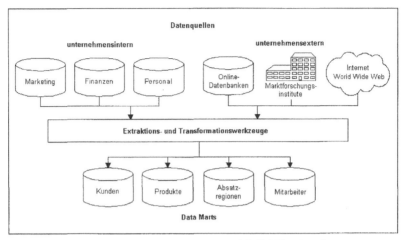

Abbildung 18: Datengewinnung im Data-Warehouse-Konzept (MUCKSCH 96, S. 100)

Im Idealfall kann die Übernahme externer Daten über standardisierte Formate oder genormte Schnittstellen, wie beispielsweise ODBC, erfolgen (TIEMEYER 96a, S. 55f.). Sind diese Möglichkeiten nicht gegeben, müssen entsprechend leistungsfähige Extraktions- und Transformationsprogramme die Datenakquisition und -konvertierung realisieren. Die Vielzahl heterogener externer Informationsquellen stellt dabei höchste Anforderungen an die Flexibilität dieser eingesetzten Werkzeuge im Hinblick auf die effiziente Verarbeitung von unterschiedlichsten Datenformaten und -strukturen (MUCKSCH u. a. 96a, S. 423; KIRCHNER 96, S. 287). Von den im Kapitel 3.3.2 diskutierten Extraktions- und Transformationsverfahren weisen nur die Code-Generatoren Eigenschaften auf, die den formulierten Ansprüchen bei der Integration externer Informationen genügen. Die anderen vorgestellten Methoden finden deshalb vorwiegend bei der Anbindung unternehmensinterner Quellen Anwendung. Eine Beschreibung und eine Evaluierung marktgängiger Extraktions- und Transformationswerkzeuge werden in ORLI 96, o. S., und COMPWOCHE 96d, S. 17f., vorgenommen.

Sollten beispielsweise Urheberrechte die Speicherung externer Informationen im Data Warehouse nicht gestatten, müssen die Extraktions- und Transformationsprogramme auch den Zugriff zur Laufzeit einer Anwendung gewährleisten (VORWEG 95, S. 26). Darüber hinaus wird von Extraktions- und Transformationswerkzeugen auch die automatische Generierung von Beschreibungsdaten gefordert, die die ins Data Warehouse übernommenen Daten dokumentieren (SCHMIDHÄUSLER 96, S. 27).

Die Gestaltung der Beschaffungs- und Transformationsprozesse wird wesentlich erleichtert, wenn, wie in den Kapiteln 4.1 und 5.2.2 erörtert, Abonnementdienste externer Informationsanbieter genutzt werden können. Aus technischer Sicht müssen für diese Fälle ein entsprechendes Mailboxsystem konzipiert und gewünschte Outputformate festgelegt werden.

Bei einer Beurteilung derzeit eingesetzter Extraktions- und Transformationsverfahren ist festzustellen, daß sie generell Defizite bei der Verarbeitung unstrukturierter, qualitativer und komplexer Informationen aufweisen. Die Verwendung von Extraktions- und Transformationsprogrammen ist außerdem an die genaue Kenntnis der Adresse, der Struktur und des Formats der externen Quelldaten gebunden, wodurch die Befriedigung eines oftmals nur vage formulierbaren oder ad hoc auftretenden Informationsbedarfs von Führungskräften sehr erschwert wird. Es wird erwartet, daß der Einsatz sogenannter intelligenter Agenten zu einer Lösung dieser Probleme beitragen kann.

Unter intelligenten Agenten werden maschinelle Aufgabenträger verstanden, die in gewissem Umfang über domänenspezifische Intelligenz verfügen und weitgehend selbständig nach vorgegebenen Zielen handeln. Kooperativ-intelligente Agenten weisen außerdem kommunikative und koordinative Fähigkeiten auf und können zu Multiagentensystemen zusammengefaßt werden (KIRN 96, S. 18ff.; RÖMER u. a. 96, S. 157).

Intelligente Agenten können durch die Nutzung von Techniken aus dem Bereich der künstlichen Intelligenz das Potential bisheriger Extraktions- und Transformationsmethoden wesentlich erweitern (COMPWOCHE 96e, S. 13). Sie sollen bereits in naher Zukunft in der Lage sein, die weltweiten Informations- und Kommunikationsnetze mit den daran angeschlossenen Datenquellen, wie beispielsweise elektronischen Postsystemen, Bulletin Boards, Newsgroups sowie den öffentlich zugänglichen Informationsbeständen von Online-Datenbanken, Online-Diensten und dem World Wide Web, entsprechend einem definierten Informationsbedarf zu überwachen, potentiell interessante Informationen zu sammeln und diese dem Nachfrager in einer gewünschten Form zur Verfügung zu stellen (MÖLLMANN 95, S. 46; SCHNEIDER 95, S. 65).

Darüber hinaus kann auch die Komplexität der Extraktions- und Transformationsprozesse durch die Konzeption eines Multiagentensystems, in dem viele intelligente Agenten mit jeweils eng begrenztem Aufgabengebiet zusammenarbeiten, stark reduziert werden (RÖMER u. a. 96, S. 156).

5.3.1.2   Datenbasis und Archivierungssystem

Gemäß der in Kapitel 5.3 abgebildeten Tabelle 2 nehmen im Data-Warehouse-Konzept die Datenbasis und das Archivierungssystem die Aufgabe der Informationsspeicherung wahr. Der Funktionsumfang beider Data-Warehouse-Komponenten wurde in den Kapiteln 3.3.1 und 3.3.5 bereits allgemein dargelegt. Aus der Zielstellung, Führungskräfte zunehmend auch mit externen Informationen zu versorgen, ergeben sich vor allem an die Datenbasis weitere spezielle Anforderungen.

Das als Teil des Fachkonzeptes entwickelte Datenmodell bildet die Grundlage für die Gestaltung der Datenbasis. Generell muß das Datenmodell eines Fachkonzeptes im DV-Konzept auf seine informationstechnische Umsetzbarkeit hin überprüft werden. Modifikationen am Datenmodell sind beispielsweise notwendig, wenn das Ziel einer Minimierung des Datenvolumens unter gleichzeitiger Berücksichtigung von Performanceaspekten nicht erreicht werden kann (MUCKSCH u. a. 96a, S. 426). Im Kapitel 3.3.1 wurden mit der Wahl unterschiedlicher Granularitäten sowie der Partitionierung und Denormalisierung des Datenbestandes mögliche Anpassungen des Datenmodells an technische Erfordernisse diskutiert.

Die physische Realisierungsform der Datenbasis stellt ein Datenbankmanagementsystem dar, das gegebenenfalls, wie noch zu erörtern ist, um ein Dateisystem und ein Dokumentenmanagementsystem zu ergänzen ist.

An ein Datenbankmanagementsystem, das die Aufgaben einer Data-Warehouse-Datenbasis erfüllen soll, sind sehr hohe Anforderungen zu richten. So muß innerhalb einer Datenbankumgebung die kombinierte Speicherung von sowohl strukturierten als auch unstrukturierten Daten bei gleichzeitig sehr großen Datenmengen und Benutzerzahlen möglich sein. In einer Datenbank müssen Textdokumente neben tabellarischen Daten abgelegt, einfache Anfragen ebenso wie komplexe Volltextrecherchen durchgeführt sowie Grafik-, Bild- und Echtzeitinformationen, wie Audio- und Videosequenzen, gespeichert, wiederaufgefunden und ausgegeben werden können (RITTER 95, S. 34).

In der Literatur bildet häufig das relationale Datenmodell die Grundlage einer zu entwickelnden Data-Warehouse-Datenbasis. Viele praktische Data-Warehouse-Realisierungen, deren Daten vorwiegend aus den operativen Systemen und damit aus internen Quellen stammen, nutzen erfolgreich die auf dem relationalen Datenmodell beruhenden relationalen Datenbankmanagementsysteme, denn sie weisen gegenüber anderen Datenbankmanagementsystemen mit einem hohen Reifegrad, der Einfachheit des Relationenmodells und der standardisierten Datenbankabfragesprache SQL wesentliche Vorteile auf (OHLENDORF 96, S. 210).

Im Kapitel 5.2.4 wurde darauf hingewiesen, daß das relationale Modell bezüglich der Integration vieler externer Datentypen eine nur unzureichende Eignung aufweist (OHLENDORF 96, S. 211). Diese Erkenntnis hat wesentliche Auswirkungen auf den im DV-Konzept vorzunehmenden Entwurf der Datenbasis und damit auf die Auswahl eines für alle Daten gleichermaßen geeigneten Datenbankmanagementsystems.

Die Daten unternehmensexternen Ursprungs liegen vielfach in schlecht strukturierter, qualitativer und komplexer Form als Text, Grafiken, Bilder, Audio- und Videosequenzen vor, während der Anteil in strukturierter und quantitativer Form, wie Fakten oder Zahlen, weniger umfangreich ist. Erstere lassen sich aus den im Kapitel 5.2.4 genannten Gründen nicht adäquat im relationalen Modell abbilden, auf dem die in den Unternehmen bislang vorherrschend genutzten relationalen Datenbankmanagementsysteme beruhen. Bei der Verwendung eines relationalen Datenbankmanagementsystems als Data-Warehouse-Datenbasis müßten viele externe Daten von den anderen Daten separiert als BLOB gespeichert werden, was den in diesem Kapitel formulierten Ansprüchen an eine Data-Warehouse-Datenbasis jedoch nicht genügt (MUCKSCH u. a. 96a, S. 425f.; HERZOG u. a. 95, S. 6).

Die für relationale Datenbankmanagementsysteme getroffenen Aussagen gelten gleichermaßen für die auf dem im Kapitel 5.2.4 beschriebenen mehrdimensionalen Datenmodell beruhenden, zumeist proprietären multidimensionalen Datenbankmanagementsysteme. Auch ihre Eignung beschränkt sich im wesentlichen auf die Speicherung und Verwaltung stark strukturierter und quantitativer Datenbestände (COMPWOCHE 96f, S. 12).

Sowohl relationale als auch multidimensionale Datenbankmanagementsysteme müßten deshalb um Dokumentenmanagement- und Dateisysteme ergänzt werden, damit in die Data-Warehouse-Datenbasis auch weniger strukturierte externe Informationen adäquat integriert werden können (NUSSDORFER 96, S. 36; GLUCHOWSKI 96, S. 259). Die Folge wäre eine inhomogene Speicherung der Daten, und einige der ein Data Warehouse auszeichnenden Eigenschaften, wie beispielsweise die Sachbezogenheit, gingen verloren (OHLENDORF 96, S. 211).

Eine denkbare Alternative dazu stellt der Einsatz von objektorientierten Datenbankmanagementsystemen dar, die auf dem im Kapitel 5.2.4 diskutierten objektorientierten Datenmodell beruhen. Sie besitzen die Fähigkeit, zusätzlich zu den strukturierten auch komplexe und unstrukturierte Datentypen zu speichern (SOKOL 96, o. S.). Durch die Aufhebung der strikten Trennung von Datenhaltung und -manipulation und die Möglichkeit, typgerechte Operatoren zu definieren, eignen sich objektorientierte Datenbankmanagementsysteme außerdem sehr gut zur Verwaltung von den in der Geschäftswelt zunehmend auftretenden multimedialen Daten. Sie besitzen gegenüber relationalen Datenbankmanagementsystemen somit den Vorteil, daß sich alle entscheidungsrelevanten externen Daten entsprechend ihrer Charakteristik integrieren lassen und keine nur isolierte Betrachtung vieler externer Daten erfolgt (OHLENDORF 96, S. 220; HERZOG u. a. 95, S. 4). Allerdings ist die Auswahl oder Gestaltung der Auswertungs- und Analysewerkzeuge, die auf eine objektorientiert realisierte Data-Warehouse-Datenbasis zugreifen können, wegen proprietärer Anfragesprachen und dem Fehlen standardisierter Schnittstellen bei der Nutzung objektorientierter Datenbankmanagementsysteme sehr problematisch. Als ebenfalls nachteilig erweist sich der Umstand, daß objektorientierte Datenbankmanagementsysteme bisher nur in geringem Umfang in Unternehmen eingesetzt werden und daß somit gegenüber der Verwendung von relationalen Datenbankmanagementsystemen kaum vergleichbare Erfahrungen existieren (OHLENDORF 96, S. 223ff.).

Einige Produzenten von Datenbankmanagementsystemen versuchen derzeit, die positiven Eigenschaften der unterschiedlichen Datenmodelle und Datenbanktechnologien in postrelationalen Datenbankmanagementsystemen zu vereinen (GÄRTNER 96, S. 162). Insbesondere als „Universal-Server" bezeichnete objektrelationale Datenbankmanagementsysteme verschiedener Anbieter erfüllen die Anforderungen, die eine Integration externer Informationen mit ihren unterschiedlichsten Datentypen an ein Datenbankmanagementsystem stellt. Sie eignen sich deshalb besonders gut zur technischen Realisierung einer Data-Warehouse-Datenbasis (HERZOG u. a. 97, S. 12f.).

Damit ein schnelles Wiederauffinden gewährleistet ist, sollten in der Datenbasis gespeicherte Daten über Indizes verwaltet werden. Während die Indizierung der zumeist aus unternehmensinternen Quellen beschafften quantitativen Daten problemlos möglich ist, gestaltet sich eine vergleichbare Systematisierung der oftmals qualitativen und in Form eines Dokuments vorliegenden extern gewonnenen Daten wesentlich komplizierter. Jedes Dokument sollte mit den seinen Inhalt beschreibenden Merkmalen, sogenannten Deskriptoren, versehen werden. Es entsteht ein jeweils individuelles Dokumentenprofil, über das das Dokument eindeutig von anderen unterschieden werden kann. Alle Dokumentenprofile einbeziehend, kann im Anschluß ein Index generiert werden, der neben den Deskriptoren eines Dokuments auch einen Verweis auf dessen Speicherort enthält. Weiterführende Verfahren der Indizierung von Dokumenten ermitteln auf der Basis einer Volltextanalyse durch heuristische Bewertungen von auftretenden Worten und Worttypen automatisch die Bedeutung eines Dokuments und bauen darauf einen Index auf (CHRIST 96, S. 315 u. S. 319).

Bei der Auswahl eines Datenbankmanagementsystems für den Aufbau einer Data-Warehouse-Datenbasis muß ein weiterer wesentlicher Aspekt berücksichtigt werden: die Möglichkeit der Einrichtung aktiver Datenbanken. In traditionellen Datenbankmanagementsystemen erfolgen Aktionen nur in Abhängigkeit von Nutzeranfragen. Die Anforderungen von Führungskräften an moderne Management Support Systeme, wie beispielsweise das Bereitstellen von Exception-Reporting-Funktionalität, verlangen jedoch, daß das Datenbankmanagementsystem beim Eintreten definierter Ereignisse auch eigenständig reagiert und bestimmte Informationsprozesse auslöst (HERZOG u. a. 95, S. 6; SOKOL 96, o. S.).

Um die Partitionierung des Datenbestandes zu ermöglichen, ist außerdem ein Datenbankmanagementsystem auszuwählen, das den Aufbau lokaler Datenbanken unter gleichzeitiger Wahrung der globalen Konsistenz aller Daten gestattet (HERZOG u. a. 95, S. 6).

Die Aufgaben des Archivierungssystems im Rahmen des Data-Warehouse-Konzeptes wurden im Kapitel 3.3.5 dargelegt. Die Notwendigkeit, externe Informationen zu archivieren, entsteht, wenn deren Wiederbeschaffung nicht mehr möglich oder zu aufwendig ist. Sind aufgrund von Programm- oder Systemfehlern in der Datenbasis Datenverluste aufgetreten, kann der Ursprungszustand wiederhergestellt werden.

Weiterhin sollten ältere externe Informationen archiviert werden, um das im Zeitverlauf wachsende Volumen der Datenbasis periodisch zu reduzieren. Auf ihrer Basis erstellte Auswertungen und Analysen bleiben somit trotzdem jederzeit reproduzierbar. Darüber hinaus können dadurch auch längerfristige unternehmensexterne Entwicklungen beobachtet werden.

An das zu konzipierende Archivierungssystem ergeben sich aus der Integration externer Informationen kaum neue Anforderungen, wenn sie bereits in der Datenbasis entsprechend ihrer Charakteristik gespeichert sind und von dort kopiert werden.

5.3.1.3   Metadatenbanksystem

Die Aufgaben des Metadatenbanksystems im Rahmen des Data-Warehouse-Konzeptes wurden bereits im Kapitel 3.3.3 beschrieben. In ihm werden alle relevanten Daten und die Methoden zu deren Manipulation sowohl aus betriebswirtschaftlicher als auch aus DV-technischer Sicht erörtert.

Bezogen auf die informationstechnische Umsetzung des in Kapitel 5.2 diskutierten Fachkonzeptes in ein DV-Konzept ist festzustellen, daß das Metadatenbanksystem gemäß Tabelle 2 in Kapitel 5.3 in die Realisierung aller Informationsfunktionen involviert ist. Im Metadatenbanksystem sind Informationen abgelegt, die den gesamten Informationswertschöpfungsprozeß von der Informationsauswahl bis zur Informationsdistribution für die Data-Warehouse-Anwender dokumentieren. Darüber hinaus stellt das Metadatenbanksystem den anderen Data-Warehouse-Komponenten die Informationen zur Verfügung, die sie zur Erfüllung ihrer Aufgaben und zur Gestaltung ihrer Interoperabilität benötigen (RADERMACHER u. a. 96, S. 27; BEHME 96a, S. 34).

Bei der informationstechnischen Realisierung kann die Metadatenbank physisch ebenfalls in dem Datenbankmanagementsystem eingerichtet werden, das die Datenbanken der Data-Warehouse-Datenbasis enthält. Dabei ist jedoch darauf zu achten, daß eine logisch getrennte Speicherung der Daten und ihrer Metadaten erfolgt.

Werden Daten aus unternehmensexternen Quellen in der Data-Warehouse-Datenbasis abgelegt, sind in der Metadatenbank entsprechende Einträge über den Inhalt, die Quelle, die Aktualität, die Form, den Ort der Speicherung in der Datenbasis und gegebenenfalls auch über semantische Beziehungen zu anderen Informationen vorzunehmen (MUCKSCH 96, S. 105). Wenn neben internen und externen Daten auch Teile deren Metadaten aus der Quellumgebung in das Data Warehouse übernommen werden, ist weiterhin eine Synchronisation der unterschiedlichen Metadaten erforderlich, um homonyme und synonyme Bezeichnungen zu vermeiden (BEHME 96a, S. 34).

Damit sich Anwender über die in das Data Warehouse integrierten Daten informieren können, müssen im Metadatenbanksystem umfangreiche Suchmechanismen vorhanden sein. Außerdem ist darauf zu achten, daß sich die Metadaten an der Begriffswelt und der Terminologie der Nutzer orientieren (DRIESEN 96, S. 38; VORWEG 95, S. 20).

Im Zusammenhang mit der in den Kapiteln 5.3.1.2 und 5.3.1.4 diskutierten Speicherung und Aufbereitung von den externen Informationen, die in Form elektronischer Dokumente in das

Data Warehouse integriert wurden, ist die Ergänzung der Metadaten um einen Thesaurus und eine Hypertextstruktur in Erwägung zu ziehen. Der Aufbau eines Thesaurus, in dem alle recherchierbaren Dokumenten-Deskriptoren mit jeweiligen Synonymen und Homonymen in systematisierter Form hinterlegt werden, gestattet Führungskräften ein schnelles Auffinden entscheidungsrelevanter Informationen bei zukünftigen Recherchevorgängen. Die Hypertext-Technik verknüpft Dokumente, deren Inhalte in einer definierten Beziehung zueinander stehen. Somit wird es Entscheidungsträgern ermöglicht, durch das Verfolgen von Assoziationsketten auch dokumentenübergreifende Informationen zu gewinnen (CHRIST 96, S. 319 u. S. 328f.).

Abschließend muß darauf hingewiesen werden, daß die Einrichtung der Metadatenbanken aufgrund der Komplexität der Data-Warehouse-Prozesse und der Vielzahl unterschiedlicher Daten einen nicht zu vernachlässigenden Aufwand verursacht. Die Entwicklung eines leistungsfähigen Metadatenbanksystems stellt deshalb eine wesentliche Voraussetzung für die erfolgreiche Implementierung eines Data Warehouse dar (RADERMACHER u. a. 96, S. 27).

5.3.1.4 Auswertungs- und Analysewerkzeuge

Die Funktionen der Auswertungs- und Analysewerkzeuge im Data-Warehouse-Konzept wurden im Kapitel 3.3.4 allgemein vorgestellt. Aus dem im Kapitel 5.2 entwickelten Fachkonzept übernehmen sie gemäß Tabelle 2 im Kapitel 5.3 die Aufgaben der Informationsaufbereitung und der Informationsdistribution, das heißt, sie ermöglichen die Auswertung und die Analyse der in der Datenbasis abgelegten Daten sowie die Präsentation und die Weiterleitung der dabei generierten Informationen unter den in den Kapitel 5.2.5 und 5.2.6 diskutierten betriebswirtschaftlichen Gesichtspunkten.

Nachdem in den vorangegangenen Kapiteln die Integration externer Daten in die Datenbasis und deren Dokumentation im Metadatenbanksystem betrachtet wurden, sollen im folgenden informationstechnische Möglichkeiten zu ihrer Aufbereitung und Distribution untersucht werden.

Im Kapitel 4.5 wurde anhand der Spezifik der Managementarbeit nachgewiesen, daß eine direkte Nutzung externer Informationsquellen wegen des dafür notwendigen umfangreichen Fachwissens einer Führungskraft nicht zuzumuten ist. Dieses Problem stellt sich in ähnlicher Weise auch bei der Gestaltung der Auswertungs- und Analyseanwendungen, die auf die in der Data-Warehouse-Datenbasis gespeicherten Daten zugreifen. Die Endbenutzerwerkzeuge müssen demzufolge so konzipiert werden, daß sie von Entscheidungsträgern intuitiv, ohne Kenntnis von Datenbankabfragesprachen und unter Verwendung ihrer fachspezifischen Terminologie eingesetzt werden können (HERZOG u. a. 95, S. 15; FLADE-RUF 96, S. 28).

Bei der Entwicklung der Benutzeroberfläche von Auswertungs- und Analysewerkzeugen ist darauf zu achten, daß nicht nur eine alphanumerische Präsentation der Ergebnisse erfolgt, sondern daß Führungskräften das gesamte Spektrum an grafischen und multimedialen Möglichkeiten zur visuellen Darstellung von Sachverhalten entsprechend ihrer individuellen Bedürfnisse zur Verfügung steht (DRIESEN 96, S. 37). Durch ein Angebot an geeigneten Mechanismen der Komplexitätsreduzierung und der Selektivität, wie beispielsweise ein Bereitstellen von Exception-Reporting- und Drill-Down-Funktionalität, kann Rücksicht auf die wachsende Überflutung des Managements mit Informationen genommen werden (FRACKMANN 96, S. 7).

Grundsätzlich können gut strukturierte und quantitative externe Daten mit den gleichen Werkzeugen ausgewertet und analysiert werden, mit deren Hilfe auch interne Daten zur Entscheidungsunterstützung herangezogen werden. Der Einsatz von Anfrage- und Berichtsgeneratoren, On-Line-Analytical-Processing- und Data-Mining-Applikationen unterliegt dabei keinerlei Beschränkung. Werden interne und externe Daten durch ein Auswertungs- und Analysewerkzeug zusammengeführt und gemeinsam ausgewertet, lassen sich auch über das Unternehmen hinausgehende Erkenntnisse gewinnen. Eine Gegenüberstellung von externen Marktforschungsdaten und internen Absatzdaten im Rahmen einer Anwendung gestattet es beispielsweise der Unternehmensführung, die eigene Umsatzentwicklung durch einen Vergleich mit der Entwicklung des Gesamtmarktes viel differenzierter zu bewerten, als das bei einer ausschließlichen Betrachtung interner Daten möglich wäre (BISSANTZ u. a. 96b, S. 363).

Externe Informationen sind in Online-Datenbanken, bei Online-Diensten und im Internet häufig in Form von Dokumenten abgelegt. Nach deren Übernahme und deren Integration in die Datenbasis müssen auch Werkzeuge zu ihrer Nutzung und Präsentation zur Verfügung stehen. Im Data-Warehouse-Konzept sollten deshalb im Bereich der Informationsaufbereitung neben Auswertungs- und Analyseanwendungen auch Recherchesysteme zum Einsatz kommen (COMPWOCHE 96g, S. 10). Die Beschränkung auf Recherchesysteme erscheint sinnvoll, weil die umfassendere Funktionalität von Dokumentenmanagementsystemen einerseits (Dokumentspeicherung) bereits durch die Datenbasis realisiert und andererseits (Vorgangssteuerung für Workflow) in managementunterstützenden Systemen nicht benötigt wird (CHRIST 96, S. 302).

Der Aufgabenschwerpunkt von Recherchesystemen ist die Bereitstellung der in der Datenbasis oder im Archivierungssystem abgelegten Dokumente. Damit Führungskräfte ein Information Retrieval auch ohne Kenntnis der datenbankspezifischen Recherchesprache realisieren können, sollte das Recherchesystem ergonomische Such- oder Recherchemasken aufweisen. Um die Präsentation von Dokumenten unabhängig von ihrer unterschiedlichen Formatierung zu gestatten, sollten darüber hinaus sogenannte Viewer zum Einsatz kommen, die alle häufig auftretenden Datenformate, wie beispielsweise die Standards ODA / ODIF, SGML, HTML, EDIFACT, JPEG, MPEG, TIFF und GIFF, interpretieren und anzeigen können (CHRIST 96, S. 303 u. S. 324ff.).

In Verbindung mit dem im Kapitel 5.3.1.2 diskutierten Einsatz von aktiven Datenbanken steht im Bereich der Auswertungs- und Analysewerkzeuge weiterhin die Schaffung eines automatisierten und ereignisgesteuerten Berichtswesens, das sich unter dem Stichwort „Lean Reporting" an schlanken betriebswirtschaftlichen Konzepten orientiert, im Mittelpunkt informationstechnischer Überlegungen (BEHME 96a, S. 37). Eine innovative Anwendung auf diesem Gebiet ist der Einsatz von intelligenten Agenten, die aus der Kenntnis des individuellen Informationsbedarfs eines Managers aus der Data-Warehouse-Datenbasis täglich relevante aktuelle Informationen selektieren und in einer persönlichen elektronischen Zeitschrift zusammenfassen (RITTERRATH 96, S. 35; SCHNEIDER 95, S. 66).

Im Kapitel 5.2.6 wurde auf die Notwendigkeit einer Verbreitung von im Rahmen der Informationsaufbereitung erzeugten Informationen hingewiesen. Sie ist erforderlich, um moderne Managementansätze, wie beispielsweise die Delegation von Verantwortung, die Erhöhung der Entscheidungstransparenz und die Beschleunigung der Entscheidungsfindung, zu unterstützen. Damit die Ergebnisse von Auswertungs- und Analyseprozessen an alle betroffenen Führungskräfte weitergeleitet werden können, sollten die im Data-Warehouse-Konzept vorgesehenen Endbenutzerwerkzeuge geeignete Kommunikationsschnittstellen aufweisen (FRACK-MANN 96, S. 263f.; FLADE-RUF 96, S. 29).

Die informationstechnische Realisierung der Informationsdistribution erfolgt derzeit zumeist mit Hilfe elektronischer Post- oder Groupwaresysteme (MARTIN 96b, S. 18). Zukünftig ist eine Verbesserung der Verbreitung von Informationen im Unternehmen durch die Nutzung von Internettechnologien zu erwarten (MUCKSCH 96, S. 111). Insbesondere der Einsatz von Intranet Web Servern stellt ein geeignetes Instrument zur Publikation der Ergebnisse von Auswertungs- und Analyseprozessen dar (HOLLMANN 96b, S. IX; MARTIN 97, S. 3).

5.3.2 Wahl einer geeigneten Organisationsform

Im Kapitel 3.4 wurden mit virtuellen, zentralen und dezentralen Organisationsformen mögliche Realisierungsalternativen eines Data Warehouse diskutiert und im Hinblick auf ihre Eignung zur Verbesserung der Informationsversorgung des Managements beurteilt. Die Wahl der Organisationsform beeinflußt ebenfalls auf unterschiedliche Weise die Fähigkeit des zu implementierenden Data Warehouse, externe Informationen zu integrieren und Führungskräften entsprechend ihren Bedürfnissen zur Verfügung zu stellen.

- Virtuelles Data Warehouse:
  Ein virtuelles Data Warehouse besitzt im Gegensatz zu anderen Organisationsformen keine Datenbasis, in die die Daten aus den Quellsystemen nach deren Extraktion, Transformation und Synthese abgelegt werden. Auswertungen und Analysen von Daten müssen von den Endbenutzerwerkzeugen deshalb über einen direkten Zugriff auf die internen und externen Datenquellen realisiert werden. Im Kapitel 3.4.1 wurde darauf hingewiesen, daß bei einer

derartigen Gestaltung der Data-Warehousing-Prozesse die ein Data Warehouse auszeichnenden Eigenschaften nur teilweise gewährleistet sind. Sollen in ein virtuell organisiertes
Data Warehouse in größerem Umfang externe Informationen integriert werden, entstehen
weitere Restriktionen.

Die in externen Quellen gespeicherten Informationen sind sowohl aus betriebswirtschaftlicher als auch aus informationstechnischer Sicht äußerst heterogen. Die zu ihrer manage-
mentgerechten Bereitstellung notwendigen Prozesse sind deshalb sehr umfangreich und
zeitaufwendig. Darüber hinaus ist die Laufzeit von Anfragen an externe Quellen nicht nur
von der Leistungsfähigkeit der unternehmenseigenen Informations- und Kommunikationssysteme abhängig. Daraus folgt, daß das Antwortzeitverhalten bei der Durchführung von Auswertungen und Analysen mit direktem Zugriff auf externe Quellen oftmals nicht determi-
nierbar ist und somit kaum auf die Akzeptanz von Führungskräften treffen wird.

Durch das Fehlen einer Datenbasis im virtuell realisierten Data Warehouse können die im
Rahmen der Informationssynthese und der Informationsaufbereitung gewonnenen Informationen nicht gespeichert werden. Der Aufbau von Zeitreihen zur Beobachtung dynamischer
Entwicklungen ist nicht möglich und die Ergebnisse von Auswertungen und Analysen sind
nicht reproduzierbar, sobald eine externe Quelle aktualisiert wurde. Der Verzicht auf die
Speicherung externer Informationen im Unternehmen erhöht außerdem die Informationsbeschaffungskosten, wenn diese Informationen häufiger oder von verschiedenen Entscheidungsträgern nachgefragt werden.

- Dezentrales Data Warehouse:
  Im Kapitel 3.4.1 wurden mögliche Implementierungsformen eines dezentral organisierten
  Data Warehouse vorgestellt. Ein dezentrales Data Warehouse zeichnet sich dadurch aus, daß
  es sich aus einer Vielzahl unternehmensbereichs- oder aufgabenbezogener Data Marts zu-
  sammensetzt. Durch die zeitliche Entkopplung der umfangreichen Informationsbeschaf-
  fungs- und Informationssyntheseprozesse von der späteren Informationsaufbereitung sowie
  der dauerhaften Speicherung externer Informationen im Unternehmen entstehen die bei
  einem virtuell realisierten Data Warehouse aufgetretenen Restriktionen nicht.

Data Marts besitzen den Vorteil, daß sie wegen ihrer fachlich begrenzten Sicht auf eine betriebswirtschaftliche Problemstellung und ihrer gut überschaubaren Realisierbarkeit die bei einer Integration externer Informationen auftretende Komplexität wesentlich reduzieren. Probleme können jedoch die Entwicklung und die Pflege eines globalen Datenmodells, das alle in das Data Warehouse eingebundenen externen Informationen enthält, bereiten, weil die Verantwortung zum Aufbau und zur Wartung der Data Marts lokal verteilt ist.

- Zentrales Data Warehouse:

Bei einer zentralen Implementierung eines Data Warehouse greifen alle Auswertungs- und Analysewerkzeuge auf eine zentralisierte Datenbasis zu. Im Kapitel 3.4.2 wurden bereits die Eigenschaften eines zentral organisierten Data Warehouse beschrieben.

Die Vorteile eines zentralen Data Warehouse liegen im Hinblick auf die Integration externer Informationen vor allem in der guten Administrierbarkeit aller dafür notwendigen Prozesse. Insbesondere die im Kapitel 5.1 formulierte Forderung nach einer zentralen Koordination der Beschaffung, Verwaltung und Aufbereitung externer Informationen wird erfüllt. Durch Vermeidung von Mehrfachrecherchen in externen Quellen können Informationsbeschaffungskosten vermindert sowie die Belastung der Hard- und Softwareressourcen gesenkt werden. Die zentrale Metadatenverwaltung ermöglicht es Führungskräften, sich einen guten Überblick über alle im Unternehmen vorhandenen externen Informationen und deren Auswertungsmöglichkeiten zu verschaffen. Die zentrale Speicherung von extern beschafften Daten in der Datenbasis garantiert, daß für Auswertungen und Analysen alle externen Informationen verfügbar sind und alle Entscheidungen von Führungskräften auf der gleichen Grundlage getroffen werden (MUCKSCH u. a. 96a, S. 425; KOSCHLIG 95, S. 28).

Die vorgenommene Untersuchung der unterschiedlichen Organisationsformen eines Data Warehouse bezüglich ihrer Fähigkeiten zur Integration externer Informationen läßt den Schluß zu, daß die virtuelle Realisierungsvariante wegen ihrer gravierenden Defizite keine Eignung aufweist. Im Gegensatz dazu sind sowohl die zentrale und als auch die dezentrale Alternative grundsätzlich in der Lage, die wichtigsten Anforderungen von Führungskräften im Hinblick auf die Bereitstellung von externen Informationen zu erfüllen. Die trotzdem vorhandenen Schwächen von zentralen und dezentralen Data-Warehouse-Implementierungen können ausgeglichen werden, wenn, wie in Kapitel 3.4.3 diskutiert, eine verteilte Struktur um ein globales Data Warehouse ergänzt wird.

5.4 Nutzenpotentiale der Integration externer Informationen

In den vorangegangenen Kapiteln 5.2 und 5.3 wurden ein Fach- und ein DV-Konzept zur Integration externer Informationen in ein Data Warehouse entwickelt. Im folgenden werden die Nutzenpotentiale untersucht, die in einem Unternehmen durch eine Umsetzung dieser Konzepte entstehen.

- Quantitative Verbesserung der Informationsversorgung von Führungskräften:
  Durch die Anbindung und Nutzung externer Datenquellen lassen sich quantitative Verbesserungen in der Informationsbereitstellung erzielen. Mit Hilfe der Integration von externen Daten in ein Data Warehouse können Führungskräfte auch komplexe, die Unternehmensumwelt einbeziehende Zusammenhänge erkennen und analysieren. Entwicklungen auf den Märkten sind so frühzeitiger wahrnehmbar, und das Management kann schneller auf sich abzeichnende Trends reagieren (MUCKSCH u. a. 96a, S. 430; REISER u. a. 96, S. 125f.).

- Qualitative Verbesserungen der Informationsversorgung von Führungskräften:
  Die Integration externer Informationen in ein Data Warehouse ermöglicht darüber hinaus auch eine qualitative Verbesserung der Informationsversorgung von Entscheidungsträgern. Durch eine integrierte Sicht auf interne und externe Daten entstehen im Ergebnis der Informationssynthese und der Informationsaufbereitung informationelle Mehrwerte, die mehr als nur eine Vereinigung der Einzelinformationen darstellen (HERZOG u. a. 95, S. 15). Die physisch oder zumindest logisch zentralisierte Speicherung externer Informationen im Data Warehouse gewährleistet, daß alle Führungskräfte auf der Grundlage der gleichen Datenbasis urteilen (MUCKSCH 96, S. 103). Die internen und externen Informationen werden dem Management nach Struktur- und Formatvereinheitlichungs-, Konsolidierungs-, Aggregations- und Integrationsprozessen homogenisiert und themenorientiert zur Verfügung gestellt, so daß ihre Auswertung und Analyse wesentlich erleichtert wird. Die ursprüngliche Form

der Datenspeicherung ist somit für einen Entscheidungsträger ohne Belang (MUCKSCH u. a. 96a, S. 423).

- Reduzierung von Informationsbeschaffungskosten:

  Eine Integration externer Informationen in ein Data Warehouse senkt die Informationsbeschaffungskosten, weil die Datengewinnung nur einmal erfolgt und somit Mehrfachrecherchen von Führungskräften vermieden werden (MUCKSCH u. a. 96a, S. 425). Durch das Verlagern der Informationsbeschaffung in Tageszeiten mit geringer Belastung öffentlicher Kommunikationsnetze und günstiger Tarifstrukturen kann der finanzielle Aufwand für den Zugriff auf externe Quellen reduziert werden.

- Verbessertes Antwortzeitverhalten bei der Nutzung externer Informationen:

  Bei der Integration externer Informationen in ein Data Warehouse erfolgt eine zeitliche Trennung der Informationsbeschaffung und Informationssynthese von der späteren Informationsauswertung. Auf externe Informationsquellen muß deshalb zur Laufzeit einer Anwendung oder Analyse nicht direkt zugegriffen werden. Daraus resultiert ein verbessertes Antwortzeitverhalten bei der Nutzung externer Informationen, wodurch die Akzeptanz des Management Support Systems bei Führungskräften steigt.

- Einsparen von Unterstützungskräften:

  Die Aufgaben der Beschaffung, Aufbereitung und Distribution von externen Informationen, die traditionell von Stabsstellen und Assistenten des Managements wahrgenommen wurden, können durch eine Data-Warehouse-Implementierung maschinell und automatisiert ausgeführt werden (FRACKMANN 96, S. 206; TIEMEYER 96a, S. 57). Das betriebswirtschaftliche Konzept des Lean Management wird durch die Möglichkeiten einer Freisetzung von Mitarbeitern und einer Reduzierung von mittleren Managementebenen unterstützt (FRACKMANN 96, S. 179). Durch den weitgehenden Verzicht auf menschliche Aufgabenträger wird neben den beschriebenen Rationalisierungseffekten auch eine wertneutrale Informationsverarbeitung garantiert, das heißt, Informationsverluste und Informationsverzerrungen werden minimiert (BEHME 92, S. 7).

- Optimierung der Informationsflüsse:

  Die durchgehende elektronische Verarbeitung von externen Informationen, beginnend mit ihrer Akquisition und endend mit ihrer Aufbereitung und Distribution in einem Data Warehouse, vermeidet Medienbrüche und optimiert den Informationsfluß im Management eines Unternehmens (FRACKMANN 96, S. 178).

Ein Ausschöpfen der genannten Nutzenpotentiale, die durch eine Einbindung externer Daten in ein Data Warehouse entstehen, ermöglicht den Übergang von der bisherigen auf interne Daten fixierten Datenverarbeitung zu einer interne und externe Daten integrierenden Informationsverarbeitung (NUSSDORFER 96, S. 36). Die Implementierung eines Data Warehouse, verbunden mit einer Entwicklung und Umsetzung geeigneter Konzepte zur Integration extern gewonnener Daten, ist eine Investition in den Produktions- und Wettbewerbsfaktor Information, die eine zeitnahe Unternehmenssteuerung gestattet sowie die Marktorientierung und die Konkurrenzfähigkeit eines Unternehmens wesentlich erhöht (LOCHTE-HOLTGREVEN 96, S. 26; REITER 95, S. 39).

Allerdings ist derzeit noch eine gewisse Diskrepanz zwischen den theoretischen Möglichkeiten, die eine Integration externer Informationen in ein Data Warehouse bietet, und deren bisheriger Ausnutzung in der betrieblichen Praxis zu beobachten. Bei aktuellen Data-Warehouse-Projekten liegt der Schwerpunkt in vielen Unternehmen nahezu ausschließlich in der Erschließung interner Datenbestände, was die Schlußfolgerung erlaubt, daß die Vorteile, die sich aus einer Berücksichtigung auch externer Daten ergeben, bisher nur unzureichend erkannt worden sind. Darüber hinaus sind die Data-Warehouse-Implementierungen der ersten Generation zumeist Finanzdaten-orientiert und damit auch nur für eine Integration quantitativer externer Informationen geeignet (FRACKMANN 96, S. 248 u. S. 257f.).

6 Zusammenfassung und Ausblick

Im Rahmen der vorliegenden Arbeit wurden Möglichkeiten untersucht, externe Informationen entsprechend ihrer Charakteristik in ein Data Warehouse zu integrieren.

Im Kapitel 2 wurden die Anforderungen an die Organisation der Datenbestände im Unternehmen erörtert, die erfüllt sein müssen, damit aus vorhandenen Daten Informationen generiert werden können. Auf die zunehmende Bedeutung der Information als Produktions- und Wettbewerbsfaktor wurde hingewiesen. Mit den Management Support Systemen wurde die informationstechnische Infrastruktur beschrieben, die Führungskräfte durch eine Bereitstellung entscheidungsrelevanter Informationen unterstützt.

Im Anschluß daran wurde im Kapitel 3 mit dem Data Warehousing ein Konzept zur Verbesserung der Funktionalität von Management Support Systemen vorgestellt, das insbesondere auch deren bisherige Defizite in Bezug auf die Integration externer Informationen beseitigen helfen kann.

Im Kapitel 4 wurden für Unternehmen potentiell interessante externe Informationsquellen identifiziert und deren Informationsangebote ausgewertet. Aus der mangelnden Eignung externer Informationsquellen für eine direkte Nutzung durch Entscheidungsträger wurde die Notwendigkeit einer Integration externer Informationen in managementunterstützende Systeme abgeleitet.

Aufbauend auf den in den vorangegangenen Kapiteln gewonnenen Erkenntnissen wurden im Kapitel 5 als Schwerpunkt der Arbeit die betriebswirtschaftlichen und informationstechnischen Voraussetzungen diskutiert, die für eine managementgerechte Bereitstellung entscheidungsrelevanter externer Informationen geschaffen werden müssen. Dazu wurden zunächst die Problemstellung und die Schwachstellen im bisherigen Umgang von Unternehmen mit externen Informationen analysiert. Danach wurde ein informationslogistisches Konzept entwickelt, das den notwendigen Informationswertschöpfungsprozeß von der Beschaffung externer Informationen bis zu ihrer Aufbereitung und Distribution aus fachlicher Sicht beschreibt. Mit dessen anschließender informationstechnischer Umsetzung in ein Data-Warehouse-Konzept und der Diskussion der entstehenden Nutzenpotentiale wurden die zu Beginn der Arbeit formulierten Zielstellungen erfüllt.

Es muß jedoch festgestellt werden, daß das entwickelte Integrationskonzept sowohl aus betriebswirtschaftlicher als auch aus informationstechnischer Sicht noch Defizite aufweist.

Im Kapitel 5.2.1 wurde darauf hingewiesen, daß die Einbindung externer Informationen in ein betriebliches Informationssystem in der Regel am aktuellen Informationsbedarf orientiert erfolgen muß, weil die Menge an potentiell entscheidungsrelevanten externen Daten nahezu unbegrenzt ist. Eine ad hoc auftretende Nachfrage einer Führungskraft nach externen Informationen, die noch nicht im Data Warehouse enthalten sind, kann deshalb nicht befriedigt werden (FRACKMANN 96, S. 81). Zukünftige Data-Warehouse-Implementierungen sollten daher intelligente Werkzeuge besitzen, die ohne vorherige umfangreiche Administrationsprozesse in der Lage sind, flexibel zusätzliche externe Informationen bereitzustellen.

Ein weiteres, bisher ungelöstes Problem ergibt sich aus der Notwendigkeit, qualitative Daten in Management Support Systemen genauso effizient wie quantitative Daten verarbeiten zu können, denn die Mehrzahl externer Informationen ist qualitativer Natur (REITER 95, S. 39). Die derzeit verfügbaren Auswertungs- und Analyseanwendungen sind zumeist nur zur Aufbereitung numerischer Informationen geeignet (RIEGER 96, S. C830.07). In Data-Warehouse-Konzepten der nächsten Generation sollten deshalb verstärkt Technologien aus dem Bereich der künstlichen Intelligenz zum Einsatz kommen, damit Führungskräfte auch „weiche" externe Informationen adäquat nutzen können (ÖSTERLE 94, S. 31).

Quellenverzeichnis

ALBERS 92

Albers, S.: Ursachenanalyse von marketingbedingten IST-SOLL-Deckungsbeitragsabweichungen; in: Zeitschrift für Betriebswirtschaft, 62. Jg. (1992) Nr. 2, S. 199-223.

BALLARD 96

Ballard, C.: Strategies to Make Your Data Warehouse a Success; unter: http://www.tekptnr.com/tpi/tdwi/lessons/strateg.html [11.12.96] (Internet).

BAUER 96

Bauer, M.: Altbekanntes in neuer Verpackung?; in: Business Computing, o. Jg. (1996) Nr. 4, S. 46.

BECKER 94

Becker, J.: Nutzung der Ressource Information, Ein Plädoyer für Informationsmodellierungskenntnisse bei Führungskräften; in: Scheer, A.-W. (Hrsg.): Management & Computer; 2. Jg. (1994) Nr. 1, S. 41-48.

BEHME 92

Behme, W.: Hilfen in der Datenflut, Externe Informationsbeschaffung über Datenbanken; in: Blick durch die Wirtschaft, 35. Jg., Nr. 64, vom 31.3.1992, S. 7.

BEHME 96a

Behme, W.: Business-Intelligence als Baustein des Geschäftserfolgs; in: Mucksch, H. / Behme, W. (Hrsg.): Das Data-Warehouse-Konzept, Wiesbaden 1996, S. 27-45.

BEHME 96b

Behme, W.: Das Data Warehouse als zentrale Datenbank für Managementinformationssysteme; in: Hannig, U. (Hrsg.): Data Warehouse und Managementinformationssysteme; Stuttgart 1996, S. 13-22.

BEHME u. a. 96   Behme, W. / Mucksch, H.: Die Notwendigkeit einer unternehmens-
                   weiten Informationslogistik zur Verbesserung der Qualität von Ent-
                   scheidungen; in: Mucksch, H. / Behme, W. (Hrsg.): Das Data-Ware-
                   house-Konzept, Wiesbaden 1996, S. 3-26.

BISCHOFF 95   Bischoff, K.: Zur Disposition gestellt?, Dispositive Systeme; in:
                   Business Computing, o. Jg. (1995) Nr. 5, S. 58-62.

BISSANTZ u. a. 96a Bissantz, N. / Küppers, B.: Intelligente Analyseinstrumente, Der Ein-
                   satz von Data Mining für Finanzdienstleister; in: Geldinstitute, 27. Jg.
                   (1996) Nr. 11-12, S. 68-71.

BISSANTZ u. a. 96b Bissantz, N. / Hagedorn, J. / Mertens, P.: Data-Mining als Kompo-
                   nente eines Data-Warehouse; in: Mucksch, H. / Behme, W. (Hrsg.):
                   Das Data-Warehouse-Konzept, Wiesbaden 1996, S. 337-368.

BUGGERT u. a. 94   Buggert, W. / Wielpütz, A. / Holzapfel, S. / Kutschke, G.: Strate-
                   gisches Informationsmanagement; in: Controller Magazin; 19. Jg.
                   (1994) Nr. 6, S. 329-342.

BUSCHMANN 92   Buschmann, J.: Neue Trends im Informationsmanagement, Datenbank-
                   recherchen - ein effizientes Instrument des mittelständischen Control-
                   lers; in: Konferenz-Einzelbericht: 7. Deutscher Controlling Congress,
                   Gesellschaft für Controlling, Düsseldorf 1992, S. 385-411.

BUSER 95   Buser, U.: Versteckten Daten auf der Spur; in: Computerwoche Focus,
                   o. Jg. (1995) Nr. 2, S. 30-31.

CHAMONI u. a. 96   Chamoni, P. / Zeschau, D.: Management-Support-Systems und Data-
                   Warehousing; in: Mucksch, H. / Behme, W. (Hrsg.): Das Data-Ware-
                   house-Konzept, Wiesbaden 1996, S. 47-83.

CHRIST 96   Christ, N.: Archivierungssysteme als Bestandteil eines Data-Ware-
                   house, Konzeption und Aufbau; in: Mucksch, H. / Behme, W. (Hrsg.):
                   Das Data-Warehouse-Konzept, Wiesbaden 1996, S. 301-335.

COMPWOCHE 96a

Ohne Verfasser: Suchmaschinen erschließen das WWW für Recherchen, Tendenz zur Spezialisierung der Dienste; in: Computerwoche, 23. Jg. (1996) Nr. 32, S. 17-18.

COMPWOCHE 96b

Ohne Verfasser: American Express wird Daten-Dealer; in: Computerwoche, 23. Jg. (1996) Nr. 25, S. 7.

COMPWOCHE 96c

Ohne Verfasser: Einblicke und Ausblicke, Von heterogenen Datensammlungen zum homogenen Informationspool; in: Computerwoche, Compendium Data Warehouse, Verlegerbeilage, 23. Jg. (1996) Nr. 21, S. 4-6.

COMPWOCHE 96d

Ohne Verfasser: Unter der Lupe: Tools zum Füllen von Data-Warehouses; in: Computerwoche, 23. Jg. (1996) Nr. 42, S. 17-18.

COMPWOCHE 96e

Ohne Verfasser: Data-Warehousing ändert Unternehmenskulturen, Bloor Research bewertet EIS-Tools; in: Computerwoche, 23. Jg. (1996) Nr. 29, S. 13-14.

COMPWOCHE 96f

Ohne Verfasser: Futter für den OLAP-Server, Mehrdimensionale Analysen machen Marktentwicklungen verständlich; in: Computerwoche, Compendium Data Warehouse, Verlegerbeilage, 23. Jg. (1996) Nr. 21, S. 12-14.

COMPWOCHE 96g

Ohne Verfasser: Programme für Programmiermuffel, Tools für offene Systeme laufen proprietären Lösungen den Rang ab; in: Computerwoche, Compendium Data Warehouse, Verlegerbeilage, 23. Jg. (1996) Nr. 21, S. 8-10.

CROSSMAN 96

Crossman, G.: Data Warehousing; unter: http://www.cs.usask.ca/homepages/grads/crossman/review4.html [11.12.96] (Internet).

DRIESEN 96

Driesen, W.-D.: Data Warehouse in der öffentlichen Verwaltung; in: Office Management, 44. Jg. (1996) Nr. 3, S. 36-39.

DRÖMERT u. a. 95   Drömert, I. / Purwin, R.: Data Warehousing - oder wie aus operativen
                    Datenbeständen Informationen werden; in: DV-Management, 5. Jg.
                    (1995) Nr. 4, S. 165-168.

FAISST 96   Faißt, J.: Datenmengen oder Kennzahlen?; in: Business Computing,
                    o. Jg. (1996) Nr. 4, S. 30-31.

FLADE-RUF 96   Flade-Ruf, U.: Data Warehouse - nicht nur etwas für Großunterneh-
                    men; in: Hannig, U. (Hrsg.): Data Warehouse und Managementinfor-
                    mationssysteme; Stuttgart 1996, S. 25-31.

FRACKMANN 96   Frackmann, E.: Managementcomputing, Theorie und Praxis der Com-
                    puterunterstützung des Top-Managements; Berlin / New York 1996.

FRISCH 95   Frisch, H.-H.: Eine ausgefeilte und differenzierte Data-Warehouse-
                    Lösung, Kreislauf der Informationen; in: IT Management Spezial,
                    o. Jg. (1995) Nr. 11-12, S. 28-38.

GÄRTNER 96   Gärtner, M.: Die Eignung relationaler und erweiterter relationaler
                    Datenmodelle für das Data-Warehouse; in: Mucksch, H. / Behme, W.
                    (Hrsg.): Das Data-Warehouse-Konzept, Wiesbaden 1996, S. 133-164.

GEISMAR 97   Geismar, H. J.: Data Warehousing für BS2000/OSD-Anwender; in:
                    SAVE, Nachrichten und Berichte aus dem Siemens-Informations-
                    technik Anwenderverein e. V., o. Jg. (1997) Nr. 1, S. 25-28.

GIERSCH 96   Giersch, R.: Wichtig ist sauberes Datenmanagement; in: Computer-
                    woche, 23. Jg. (1996) Nr. 27, S. 41-44.

GLUCHOWSKI 96   Gluchowski, P.: Architekturkonzepte multidimensionaler Data-Ware-
                    house-Lösungen; in: Mucksch, H. / Behme, W. (Hrsg.): Das Data-
                    Warehouse-Konzept, Wiesbaden 1996, S. 229-261.

HAARMANN 95   Haarmann, G.: Vom Daten-Kunden zum Informations-König; in:
                    Computerwoche Focus, o. Jg. (1995) Nr. 2, S. 24-27.

HABERMANN 93

Habermann, G.: Integrationskonzepte externer Wirtschaftsinformationen für Führungsinformationssysteme; in: Behme, W. / Schimmel-
pfeng, K. (Hrsg.): Führungsinformationssysteme, Neue Entwicklungs-
tendenzen im EDV-gestützten Berichtswesen; Wiesbaden 1993,
S. 157-165.

HACKMANN 96

Hackmann, J.: Der Internet-Boom gefährdet die Online-Dienste; in:
Computerwoche, 23. Jg. (1996) Nr. 35, S. 9-10.

HANNIG 96

Hannig, U.: Königsweg zur Information; in: Business Computing,
o. Jg. (1996) Nr. 4, S. 42-44.

HANSEN 96

Hansen, W.-R.: Erfahrungen mit unterschiedlichen Ansätzen und
Lösungswegen in Data-Warehouse-Projekten; in: Mucksch, H. /
Behme, W. (Hrsg.): Das Data-Warehouse-Konzept, Wiesbaden 1996,
S. 425-454.

HEINRICH u. a. 96

Heinrich, C. E. / Hofmann, M.: Entscheidungsunterstützung mit dem
Open Information Warehouse; in: Industrie Management, 12. Jg.
(1996) Nr. 1, S. 21-27.

HEINZELBECKER 95

Heinzelbecker, K.: Datenbanken, externe; in: Tietz, B. (Hrsg.): Hand-
wörterbuch Marketing, Bd. 4, 2. Aufl., Stuttgart 1995, Sp. 420-430.

HERGET u. a. 95

Herget, J. / Hensler, S.: Online-Datenbanken in Wirtschaft und Wis-
senschaft: aktuelle Nachfragestrukturen und Nutzungstendenzen; in:
Wirtschaftsinformatik, 37. Jg. (1995) Nr. 2, S. 129-138.

HERZOG u. a. 95

Herzog, U. / Lang, S. M.: Eine Technologie im Wandel, Bestandsauf-
nahme und Trends im Bereich Datenbanken; in: Computerwoche Focus, o. Jg. (1995) Nr. 2, S. 4-6 u. 15.

HERZOG u. a. 97

Herzog, U. /Breitner, C. A. / Schlösser, J.: Die DB-Szene hat sich schlagartig verändert, Der „Universal Server" - Ein Meilenstein in der Datenbank-Technologie?; in: Computerwoche Focus, o. Jg. (1997) Nr. 2, S. 12-14.

HOLLMANN 96a

Hollmann, R.: Wie die Interessenten Fehler vermeiden können; in: Computerwoche, 23. Jg. (1996) Nr. 27, S. 46-47.

HOLLMANN 96b

Hollmann, R.: Kaufhausrausch, Der Markt für Data Warehouses in Deutschland; in: PC Netze, Datacom Special, 8. Jg. (1996) Nr. 10, S. VIII-IX.

HOLTHUIS 96

Holthuis, J.: Multidimensionale Datenstrukturen, Grundkonzept, Funktionalität, Implementierungsaspekte; in: Mucksch, H. / Behme, W. (Hrsg.): Das Data-Warehouse-Konzept, Wiesbaden 1996, S. 165-204.

JAHNKE u. a. 96

Jahnke, B. / Groffmann, H.-D. / Kruppa, S.: On-Line Analytical Processing (OLAP); in: Wirtschaftsinformatik, 38. Jg. (1996) Nr. 3, S. 321-324.

KAFKA 96

Kafka, G.: Online-Dienste im Aufwind?, Chancen und Risiken der neuen Medien: Fluch oder Segen?; in: IT Management, o. Jg. (1996) Nr. 3-4, S. 70-72.

KIEFER 95

Kiefer, C.: Fundgrube Datex-J, Wichtige Wirtschaftsdaten sind online erhältlich; in: Business Computing, o. Jg. (1995) Nr. 3, S. 128-130.

KIRCHNER 96

Kirchner, J.: Datenveredelung im Data Warehouse - Transformationsprogramme und Extraktionsprozesse von entscheidungsrelevanten Basisdaten; in: Mucksch, H. / Behme, W. (Hrsg.): Das Data-Warehouse-Konzept, Wiesbaden 1996, S. 265-299.

KIRN 96

Kirn, S.: Kooperativ-Intelligente Softwareagenten; in: Information Management, 11. Jg. (1996) Nr. 1, S. 18-28.

KLAHOLD 95

Klahold, A.: Aus operativen Daten sollen Entscheidungshilfen werden, Data-Warehouse-Konzept steckt noch in den Kinderschuhen; in: PC Magazin, o. Jg. (1995) Nr. 34, S. 30-31.

VOM KOLKE 96

Kolke, vom, E.-G.: Online-Datenbanken, 2. Aufl., München / Wien 1996.

KORNBLUM 94

Kornblum, W.: Die Vision einer effizienten Unternehmenssteuerung auf der Basis innovativer Führungs-Informationssysteme; in: Dorn, B. (Hrsg.): Das informierte Management; Berlin / Heidelberg 1994, S. 75-101.

KORNEMANN u. a. 96

Kornemann, R. / Zurke, M.: Vom Informationszentrum zum Data Warehouse; in: Bank und Markt, 25. Jg. (1996) Nr. 10, S. 16-18.

KOSCHLIG 95

Koschlig, T.: Relevante Informationen „bestellen", LVM-Versicherungen Münster nutzen Data Warehouse als Basis für Entscheidungsunterstützung; in: Computerwoche Focus, o. Jg. (1995) Nr. 2, S. 27-29.

KOSCHLIG 96

Koschlig, T.: Data Warehouse bei den LVM-Versicherungen; in: Konferenz-Einzelbericht ONLINE 96, Congress VIII: Data Warehousing, OLAP, Führungsinformationssysteme ..., Neue Entwicklungen des Informationsmanagements; Bd. 8, Hamburg 1996, S. C814.01-C.814.08.

LAND 96

Land, K.-H.: Bereiche konzentrisch einbeziehen; in: Business Computing, o. Jg. (1996) Nr. 4, S. 26.

LENZ 96

Lenz, H.-J.: Data Warehouse, Föderale Datenbanken und M3-Design: Führungsinformationssysteme der nächsten Generation; in: Konferenz-Einzelbericht ONLINE 96, Congress VIII: Data Warehousing, OLAP, Führungsinformationssysteme ..., Neue Entwicklungen des Informationsmanagements; Bd. 8, Hamburg 1996, S. C820.01-C820.07.

LOCHTE-HOLTGREVEN 96   Lochte-Holtgreven, M.: Planungshilfe für das Management; in:
Business Computing, o. Jg. (1996) Nr. 4, S. 24-28.

VON DER LÜHE 96   Lühe, von der, M.: Aus Daten Fakten machen, Mit Data-Mining zu
den Informations-Nuggets; in: Computerwoche, 23. Jg. (1996) Nr. 27,
S. 52-53.

MARTIN 96a   Martin, W.: Data Warehousing - Den Kunden besser verstehen; in:
Hannig, U. (Hrsg.): Data Warehouse und Managementinformationssysteme; Stuttgart 1996, S. 33-43.

MARTIN 96b   Martin, W.: Data Warehousing als Prozeß, Ein Überblick über den
Stand der Technik; in: Client/Server Magazin, o. Jg. (1996) Nr. 1-2,
S. 15-19.

MARTIN 97   Martin, W.: Data Warehousing: Prozeß, Modelle und Architektur; in:
SAVE, Nachrichten und Berichte aus dem Siemens-Informationstechnik Anwenderverein e. V., o. Jg. (1997) Nr. 1, S. 1-3.

MEITH 96   Meith, W.: Implementation eines Data Warehouse; in: Industrie
Management, 12. Jg. (1996) Nr. 1, S. 28-31.

MEUSLING 97   Meusling, A.: Data Warehousing - Information als Wettbewerbsvorteil; in: SAVE, Nachrichten und Berichte aus dem Siemens-Informationstechnik Anwenderverein e. V., o. Jg. (1997) Nr. 1, S. 4-5.

MEYER 94   MEYER, J.-A.: Computer Integrated Marketing; in: Schmalenbachs
Zeitschrift für Betriebswirtschaftliche Forschung, 46. Jg. (1994) Nr. 5,
S. 441-462.

MÖLLMANN 95   Möllmann, S.: Mit Software-Agenten Abweichungen auf der Spur; in:
PC Magazin, o. Jg. (1995) Nr. 22, S. 46.

MUCKSCH 96   Mucksch, H.: Charakteristika, Komponenten und Organisationsformen von Data-Warehouses; in: Mucksch, H. / Behme, W. (Hrsg.): Das Data-Warehouse-Konzept, Wiesbaden 1996, S. 85-116.

MUCKSCH u. a. 96a   Mucksch, H. / Holthuis, J. / Reiser, M.: Das Data Warehouse Konzept - ein Überblick; in: Wirtschaftsinformatik, 38. Jg. (1996) Nr. 4, S. 421-433.

MUCKSCH u. a. 96b   Mucksch, H. / Behme, W.: Vorwort der Herausgeber; in: Mucksch, H. / Behme, W. (Hrsg.): Das Data-Warehouse-Konzept; Wiesbaden 1996, S. VII-VIII.

MÜLLER u. a. 97   Müller, W. / Hofer, A.: Data Warehouse; in: SAVE, Nachrichten und Berichte aus dem Siemens-Informationstechnik Anwenderverein e. V., o. Jg. (1997) Nr. 1, S. 11-15.

NELKOWSKI 96   Nelkowski, C.: Corporate Repository: Information als Wettbewerbsvorteil; in: Industrie Management, 12. Jg. (1996) Nr. 6, S. 36-38.

NUSSDORFER 96   Nußdorfer, R.: Management der Vielfalt; in: Business Computing; o. Jg. (1996) Nr. 4, S. 34-36.

OHLENDORF 96   Ohlendorf, T.: Objektorientierte Datenbanksysteme für den Einsatz im Data-Warehouse-Konzept; in: Mucksch, H. / Behme, W. (Hrsg.): Das Data-Warehouse-Konzept, Wiesbaden 1996, S. 205-227.

ORLI 96   Orli, R. J.: Data Extraction, Cleansing and Migration Tools to support Data Warehouse, Database Consolidation, and Systems Reengineering Projects, Part 2; 1996; unter: http://www.kismeta.com/ex2.html [10.4.97] (Internet).

ÖSTERLE u. a. 94a   Österle, H. / Steinbock, H.-J.: Das informationstechnische Potential, Stand und Perspektiven (Teil 2); in: Information Management, 9. Jg. (1994) Nr. 3, S. 52-59.

ÖSTERLE u. a. 94b   Österle, H. / Steinbock, H.-J.: Das informationstechnische Potential, Stand und Perspektiven (Teil 1); in: Information Management, 9. Jg. (1994) Nr. 2, S. 26-31.

ÖSTERLE u. a. 96   Österle, H. / Muschter, S.: Neue Informationsquellen für das Benchmarking - wie Sie mit dem Internet von den Besten lernen; in: Wirtschaftsinformatik, 38. Jg.(1996) Nr. 3, S. 325-330.

PCMAGAZIN 95   Ohne Verfasser: Auf die Inhalte kommt es an; in: PC Magazin, o. Jg. (1995) Nr. 43, S. 4-10.

PCMAGAZIN 96   Ohne Verfasser: Ordnung schaffen im Durcheinander der Informationen; in: PC Magazin, o. Jg. (1996) Nr. 8, S. 4-8.

POST 96a   Post, H.-J.: Kommerz im Cyberspace; in: Business Computing Spezial, o. Jg. (1996) Nr. 1, S. 60-62.

POST 96b   Post, H.-J.: Phönix aus der Asche?; in: Business Computing, o. Jg. (1996) Nr. 1, S. 67-69.

PURWIN 95   Purwin, R.: Nicht Worte, Daten zählen, Data Warehouse; in: Business Computing, o. Jg. (1995) Nr. 5, S. 42-44.

RADERMACHER u. a. 96   Radermacher, F. J. / Rose, T.: Schlüssel zur Information; in: Business Computing, o. Jg. (1996) Nr. 1, S. 25-28.

RECKERT 96   Reckert, K.: Glossar Data Warehousing; in: PC Netze, Datacom Special, 8. Jg. (1996) Nr. 10, S. XXVI.

REISER u. a. 96   Reiser, M. / Holthuis, J.: Nutzenpotentiale des Data-Warehouse-Konzepts; in: Mucksch, H. / Behme, W. (Hrsg.): Das Data-Warehouse-Konzept, Wiesbaden 1996, S. 117-129.

REITER 95

Reiter, M.: Entscheidungen durch Informationen vorbereiten, Der konzeptionelle Ansatz zählt; in: IT Management Spezial, o. Jg. (1995) Nr. 9-10, S. 37-39.

RIEGER 96

Rieger, B.: OLAP: Stand der Forschung und Entwicklung; in: Konferenz-Einzelbericht ONLINE 96, Congress VIII: Data Warehousing, OLAP, Führungsinformationssysteme ..., Neue Entwicklungen des Informationsmanagements; Bd. 8, Hamburg 1996, S. C830.01-C830.07.

RITTER 95

Ritter, U.: Die traditionelle Aufgabe wird sich grundlegend ändern, Künftige DBs erfordern die Kombination von strukturierten und unstrukturierten Daten; in: Computerwoche Focus, o. Jg. (1995) Nr. 2, S. 32-34.

RITTERRATH 96

Ritterrath, S.: Data Warehouse: Informationen auf Lager, Von der operativen zur dispositiven Datenverarbeitung; in: Client/Server Magazin, o. Jg. (1996) Nr. 1-2, S. 32-35.

RÖMER u. a. 96

Römer, M. / Quendt, B. / Stenz, P.: Autopiloten fürs Netz, Intelligente Agenten - Rettung aus der Datenflut; in: c't, o. Jg. (1996) Nr. 3, S. 156-162.

ROSE 95

Rose, B.: Die Marketing-Schlacht beginnt im Data Warehouse; in: IT Management Spezial, o. Jg. (1995) Nr. 9-10, S. 12-17.

RÖSER 96

Röser, K.: Ein Modell für alles?, Datenmodellierung; in: Business Computing, o. Jg. (1996) Nr. 1, S. 40-41.

SAXER 96

Saxer, M.: Die „Zehn Gebote" für Data-Warehouse-Projekte; in: Computerwoche, 23. Jg. (1996) Nr. 27, S. 49-50.

SCHARF 95

Scharf, A.: Von Daten zu Informationen, Unterschiedliche Ansätze beim Data Warehousing; in: UNIX open, o. Jg. (1995) Nr. 3, S. 108-110.

SCHEER 95   Scheer, A.-W.: Wirtschaftsinformatik, Referenzmodelle für industriel-
le Geschäftsprozesse; Studienausgabe, Berlin u. a. 1995.

SCHMIDHÄUSLER 96   Schmidhäusler, F. J.: Data Warehouse: Hilfe im Informations-
dschungel; in: Gabler's Magazin, 10. Jg. (1996) Nr. 3, S. 26-28.

SCHNEIDER 95   Schneider, U.: Intelligente Software-Agenten finden die Nadel im
Heuhaufen; in: Computerwoche, 22. Jg. (1995) Nr. 45, S. 64-66.

SCHREMPF 95   Schrempf, M.: Alter Wein in neuen Schläuchen?, Shopping im Data
Warehouse; in: IT Management Spezial, o. Jg. (1995) Nr. 9-10,
S. 27-31.

SCHWAB 96   Schwab, W.: Data Warehouse als Grundlage für Management Infor-
mations Systeme (MIS); in: DV-Management, 6. Jg. (1996) Nr. 2,
S. 79-82.

SEMEN u. a. 94   Semen, B. / Baumann, B.: Anforderungen an ein Management-Unter-
stützungssystem; in: Dorn, B. (Hrsg.): Das informierte Management;
Berlin / Heidelberg 1994, S. 37-59.

SOKOL 96   Sokol, M.: The Next Generation of Data Warehousing; unter:
http://www. tekptnr.com/tpi/tdwi/lessons/nextgen.html [16.12.96]
(Internet).

SPECHT u. a. 95   Specht, D. / Fehler, F.: Entwicklungspotential kostengünstiger Online-
Informationssysteme; in: CIM Management, 11. Jg. (1995) Nr. 5,
S. 64-68.

STAUD 93   Staud, J. L.: Fachinformation Online, Ein Überblick über Online-
Datenbanken unter besonderer Berücksichtigung von Wirtschaftsinformationen; Berlin u. a. 1993.

STAUDT u. a. 91

Staudt, E. / Mühlemeyer, P. / Kriegesmann, B.: Technische Informationen in Forschung und Entwicklung, Organisatorische Defizite als Ursache mangelnder Nutzung - Ergebnisse einer empirischen Untersuchung; in: VDI-Zeitschrift, 133. Jg. (1991) Nr. 12, S. 14-17.

STEINBOCK 94

Steinbock, H.-J.: Potentiale der Informationstechnik, State-of-the-Art und Trends aus Anwendersicht; Stuttgart 1994.

TIEMEYER 96a

Tiemeyer, E.: Lösungswege zur besseren Führungsinformation (2), EIS und Data Warehouse; in: Office Management, 44. Jg. (1996) Nr. 6, S. 54-57.

TIEMEYER 96b

Tiemeyer, E.: Lösungswege zur besseren Führungsinformation (1), EIS und Data Warehouse; in: Office Management, 44. Jg. (1996) Nr. 5, S. 42-46.

VOOGT 96

Voogt, A.: Schaufenster ins Data Warehouse; in: Business Computing, o. Jg. (1996) Nr. 7, S. 66-68.

VORWEG 95

Vorweg, H.: IBM Information Warehouse - ein Data Warehouse Plus!, Vom Data Warehouse zum Information Warehouse; in: IT Management Spezial, o. Jg. (1995) Nr. 11-12, S. 18-27.

WALTERSCHEID u. a. 95

Walterscheid, H. / Vetschera, R. / Hoffmann, G.: Die betriebliche Praxis der Entwicklung und Bewertung von managementunterstützenden Informationssystemen; in: Wirtschaftsinformatik, 37. Jg. (1995) Nr. 1, S. 40-49.

WENDELN-MÜNCHOW 95

Wendeln-Münchow, D.: Shopping im Datenwarenhaus, Von der Statistik zur Strategie; in: Office Management, 43. Jg. (1995) Nr. 9, S. 44-45.

WINTERKAMP 96

Winterkamp, T.: Man nehme ..., Komponenten für eine erfolgreiche Data Warehouse-Architektur; in: PC Netze, Datacom Special, 8. Jg. (1996) Nr. 10, S. XII-XIV.

ZANGER u. a. 95   Zanger, C. / Baier, G.: Computerunterstützte Entscheidungsfindung im Top-Management mittelständischer Unternehmen; in: Wirtschaftsinformatik, 37. Jg. (1995) Nr. 1, S. 50-56.

Selbständigkeitserklärung

Ich erkläre hiermit, daß ich die vorliegende Arbeit selbständig und ohne Benutzung anderer als der angegebenen Hilfsmittel angefertigt habe. Die aus fremden Quellen wörtlich oder sinngemäß übernommenen Gedanken sind als solche kenntlich gemacht.

Dresden, den 28.8.1997

Anlagen

Datenbank	Host	Datenbankart	Inhalt
BLISS	FIZ TECHNIK, GBI	Hinweis-DB	deutschsprachig, deutsche u. internationale Fachliteratur zur Betriebswirtschaftslehre
ECONIS	GBI	Hinweis-DB	deutschsprachig, deutsche u. internationale Fachliteratur zur Volkswirtschaftslehre
MIND	DATASTAR, GBI	Hinweis-DB	deutschsprachig, deutsche u. internationale Fachliteratur zur Kredit- u. Finanzwirtschaft
MMA	DATASTAR, GBI	Hinweis-DB	englischsprachig, internationale Literatur zu den Bereichen Management u. Marketing
FAKT	DATASTAR, GBI, GENIOS	textlich-numerische DB	deutschsprachig, Marktinformationen aus deutschen Zeitschriften und Zeitungen
TABL	GENIOS	textlich-numerische DB	Tabelleninformationen aus Wirtschaftspublikationen der Handelsblattgruppe
MARKET	GBI	Hinweis-DB	deutschsprachig, deutsche Marktinformationen u. -analysen
KOBRA	GBI	Volltext-DB	Volltext deutscher Branchenzeitschriften
FINDEX	DIALOG	Hinweis-DB	internationale u. öffentlich zugängliche Marktstudien aus 55 Industrien
PTS PROMT	BRS, DIALOG, DATASTAR, GENIOS u. a.	Hinweis-DB	weltweit ausgewertete Informationen über Unternehmen, Märkte, Produkte usw.
EURO-MO-NITOR	DIALOG, GBI, DATASTAR u. a.	Volltext-DB	europäische Marktstudien
FAZ	DATASTAR, GBI	Volltext-DB	Volltext der Frankfurter Allgemeinen Zeitung
SPIEGEL	GBI, GENIOS	Volltext-DB	Volltext des Spiegel
WW	GENIOS	Volltext-DB	Volltext der Wirtschaftswoche
FINANCIAL TIMES	DIALOG, FT PROFILE	Volltext-DB	englischsprachig, Volltext der Financial Times
WORLD REPORTER	FT PROFILE	Volltext-DB	Volltexte englischsprachiger Wirtschaftszeitungen
TRADSTAT	DATASTAR	numerische DB	englischsprachig, Außenhandelsinformationen über weltweit 60.000 Produkte
REUTERS COUNTRY REPORTS	REUTERS	Volltext-DB	Länderinformationen, Meldungen u. Länderberichte zu allen wichtigen Aspekten

BUSINESS INTERNATIONAL	DIALOG	Volltext-DB	Länderberichte aus 57 Ländern, u. a. Informationen zum Investitionsklima
HOPP	DATASTAR, DIALOG, GBI, GENIOS u. a.	textlich-numerische DB	Profile von Unternehmen aus allen Branchen
ECCO	DATASTAR	textlich-numerische DB	Handelsregistereintragungen deutscher Unternehmen
FINN	DATASTAR, GBI, GENIOS	textlich-numerische DB	normierte Jahresabschlüsse und Bilanzkennzahlen deutscher Unternehmen
VBO	GBI, GENIOS	textlich-numerische DB	Profile deutscher Verbände, Behörden u. Organisationen
DBWG	DATASTAR u. a.	textlich-numerische DB	Dun&Bradstreet-Firmenprofile
KOMPASS EUROPE	DIALOG	textlich-numerische DB	Firmenprofile europäischer Unternehmen
ABCE	DATASTAR, FIZ TECHNIK	textlich-numerische DB	Einkaufsführer europäischer Unternehmen
TRUST	GBI	textlich-numerische DB	internationale Konzernverflechtungen
WWC	GBI	textlich-numerische DB	Bilanzen, Gewinn- und Verlustrechnungen der größten 2.000 Unternehmen
IFOOST, IFOL	GBI, GENIOS	Hinweis-DB	deutschsprachig, Wirtschaftsinformationen zu osteuropäischen Ländern
BOW	GBI	textlich-numerische DB	Kooperationswünsche deutscher u. osteuropäischer Unternehmen
BUSINESS	DATASTAR, GBI, GENIOS	textlich-numerische DB	deutschsprachig, Angebote u. Nachfragen nach Geschäfts- u. Kooperationskontakten
GELD	GENIOS	Volltext-DB	deutschsprachig, Beschreibung öffentlicher Fördermittel
TED	DATASTAR, ECHO, FT PROFILE u. a.	Volltext-DB	englischsprachig, Informationen über EG-weite öffentliche Ausschreibungen
FAIRBASE	DATASTAR, BRS	textlich-numerische DB	deutschsprachig, Informationen über geplante Messen u. Ausstellungen

Anlage 1: Auswahl von Online-Datenbanken mit wirtschaftlichem Profil (VOM KOLKE 96, S. 75ff.)

Host	Anzahl angebote-ner Datenbanken	Charakteristik und Angebotsschwerpunkte
DIALOG	ca. 500	Weltmarktführer unter den Hosts; keine inhaltlichen Schwerpunkte, sehr breites Angebot; teilweise sehr amerikazentriert
BRS	ca. 150	Datenbanken aus den Bereichen Wirtschaft, Technik, Patente, Natur-, Geistes- u. Sozialwissenschaften; im Bereich Wirtschaft sehr amerikazentriert
DATASTAR	ca. 200	größter europäischer Host; Tochterunternehmen von DIALOG; Schwerpunkte u. a. europäische Wirtschafts- und Finanzinformationen
FT PROFILE	ca. 120	Tochterunternehmen der FINANCIAL-TIMES-Gruppe; führender Anbieter von Volltext-Wirtschaftsinforma-tionen
ECHO	ca. 25	Host der Europäischen Gemeinschaft; u. a. Angebot an Informationen über öffentlich geförderte Forschungs-projekte u. EG-weite Ausschreibungen
FIZ TECHNIK	ca. 90	deutscher Host, auch über DATASTAR nutzbar; u. a. Angebot an Wirtschaftsdatenbanken mit Unternehmens- und Marktinformationen
GENIOS	ca. 140	auf Wirtschaftsinformationen spezialisierter deutscher Host; bietet deutsche u. internationale Firmen-, Produkt- u. Marktinformationen an
GBI	ca. 110	deutscher Host; ausschließliches Angebot an deutschen u. internationalen Wirtschaftsinformationen
REUTERS	ca. 120	Anbieter von numerischen Wirtschaftsinformationen, z. B. in Form von makroökonomischen Zeitreihen oder Produktionsdaten einer Branche; Informationen sind online weiterverarbeitbar

Anlage 2: Auswahl von Wirtschaftsdatenbanken anbietenden Hosts (VOM KOLKE 96, S. 51ff.)

	T-Online	CompuServe	AOL	MSN
Anbieter	Deutsche Telekom	H&R-Block-Gruppe	America Online	Microsoft
in Deutschland verfügbar seit	1981 (BTX) 1995 (BTX-Plus)	1991	Dez. 1995	Sept. 1995
Benutzer weltweit	ca. 900.000	ca. 3.800.000	ca. 4.000.000	Startphase
Benutzer in Deutschland	ca. 900.000	ca. 150.000	ca. 12.000	Startphase
Einwahlknoten in Deutschland	135	14	4, weitere geplant	14
Zielgruppe	Privat- u. Geschäftskunden	vorwiegend Geschäftskunden	vorwiegend Privatkunden	Privatkunden
unternehmensrelevante Angebote	Nachrichten, Wirtschafts- u. Finanzinformationen, elektronische Ausgaben von Zeitungen u. Zeitschriften	Zugang zu etwa 2500 externen Datenbanken, Volltextarchive von Zeitungen u. Zeitschriften, Meldungen von Agenturen	elektronische Ausgaben führender Tageszeitungen u. Magazine	kaum vorhanden
Stärken	Einwahlknoten bundesweit zum Ortstarif, umfangreiches deutschsprachiges Angebot	für Unternehmen wichtigster Online-Dienst, größtes Angebot, breites Spektrum an internationalen Informationen	im Hinblick auf Informationsbedürfnisse von Unternehmen nur wenige erkennbar	im Hinblick auf Informationsbedürfnisse von Unternehmen keine erkennbar
Schwächen	Beschränkung auf Deutschland	nur wenige deutsche Inhalte, amerikalastig, langsame Einwahlknoten	wenige unternehmensrelevante Angebote	keine unternehmensrelevanten Angebote

Anlage 3: Charakteristik wichtiger Online-Dienste (Stand Anfang 1996) (KAFKA 96, S. 71)

Bezeichnung	Adresse	Bemerkung
Metasuchmaschinen		
Metacrawler	http://www.metacrawler.com	
Savvy Search	http://www.cs.colostate.edu/ ~dreiling/smartform.html	
Search	http://www.search.com	
Metasearch	http://www.metasearch.com	
Allzwecksuchmaschinen		
Alta Vista	http://www.altavista.digital.com	Zugriff auf ca. 16 Millionen Web-Seiten und 13.000 News-groups
Opentext	http://www.opentext.com	Index von ca. 10 Milliarden Wörtern
Infoseek	http://www.infoseek.com	durchsucht World Wide Web u. Usenet, Limit von 100 Treffern je Anfrage
Excite	http://www.excite.digital.com	durchsucht World Wide Web u. Usenet, Grundlage bildet Daten-bank mit 50.000 Web-Einrich-tungen, Konzept- u. Schlagwort-suche
Nlightn	http://www.nlightn.com	Index auf Web-Seiten, Usenet, Nachrichtenagenturen, litera-rische Werke u. Dissertationen
Lycos	http://www.lycos.com	
Webcrawler	http://www.webcrawler.com	
WWW Worm	http://guano.cs.colorado.edu/ home/mcbryan/wwww.html	
Deutsche Suchmaschinen		
Aladin	http://www.aladin.de	
Dino	http://www.dino-online.de	
Iosys	http://www.iosys.de	
Flipper	http://flp.cs.tu-berlin.de/flipper	
Flix	http://www.flix.de	
Kolibri	http://www.kolibri.de	
Web	http://www.web.de	

Anlage 4: Überblick über Suchdienste (COMPWOCHE 96a, S. 18)

Anbieter	Adresse	Inhalte
AT&T Business Network	http://www.ichange.com/partners/bnet.html	umfassende Online-Informationen zum Wirtschaftsgeschehen
CNN Interactive	http://www.cnn.com	aktuelle Publikationen von CNN, hilfreiche Wirtschaftsinformationen
Dun&Bradstreet Information Services	http://www.dbisna.com	aktuelle Wirtschaftsinformationen
FINWeb Home Page	http://www.finweb.com	Datenbank für Finanz- und Wirtschaftsinformationen
Investor Relations Page	http://www.money.com/htbin/fw/sql/ipages	wichtige Kennzahlen von US-Unternehmen
Nielsen Media	http://www.nielsenmedia.com	Informationen über Marktentwicklungen
Quote.Com	http://www.quote.com	umfangreiches Angebot an Wirtschaftsinformationen
Security & Exchange Commission	http://town.hall.org/edgar/edgar.html	Datenbank mit aktuellen Lageberichten aller großen US-Unternehmen
St. Clair Financial Index	http://www.findex.com/search.html	weltweites Verzeichnis von Finanzdienstleistern
The Wall Street Journal	http://update.wsj.com/welcome.html	Online-Ausgabe des Wall Street Journal

Anlage 5: Internetquellen mit Informationen zum Wirtschaftsgeschehen (ÖSTERLE u. a. 96, S. 327)

Wissensquellen gewinnbringend nutzen

Qualität, Praxisrelevanz und Aktualität zeichnen unsere Studien aus. Wir bieten Ihnen im Auftrag unserer Autorinnen und Autoren Wirtschafts-studien und wissenschaftliche Abschlussarbeiten – Dissertationen, Diplomarbeiten, Magisterarbeiten, Staatsexamensarbeiten und Studien-arbeiten zum Kauf. Sie wurden an deutschen Universitäten, Fachhoch-schulen, Akademien oder vergleichbaren Institutionen der Europäischen Union geschrieben. Der Notendurchschnitt liegt bei 1,5.

Wettbewerbsvorteile verschaffen – Vergleichen Sie den Preis unserer Studien mit den Honoraren externer Berater. Um dieses Wissen selbst zusammenzutragen, müssten Sie viel Zeit und Geld aufbringen.

http://www.diplom.de bietet Ihnen unser vollständiges Lieferprogramm mit mehreren tausend Studien im Internet. Neben dem Online-Katalog und der Online-Suchmaschine für Ihre Recherche steht Ihnen auch eine Online-Bestellfunktion zur Verfügung. Inhaltliche Zusammenfassungen und Inhaltsverzeichnisse zu jeder Studie sind im Internet einsehbar.

Individueller Service – Gerne senden wir Ihnen auch unseren Papier-katalog zu. Bitte fordern Sie Ihr individuelles Exemplar bei uns an. Für Fragen, Anregungen und individuelle Anfragen stehen wir Ihnen gerne zur Verfügung. Wir freuen uns auf eine gute Zusammenarbeit.

Ihr Team der Diplomarbeiten Agentur

Diplomica GmbH
Hermannstal 119k
22119 Hamburg

Fon: 040 / 655 99 20
Fax: 040 / 655 99 222

agentur@diplom.de
www.diplom.de